NHK趣味の園芸——よくわかる栽培12か月

大ギク

山本和美

趣味の園芸

目次

主な品種と仕立て方

12か月の管理と作業 21

初めての大ギク栽培（基礎知識） 99

Column

国華晴舞台（こっかはれぶたい）
中の長幹種、中咲き

精興夕映（せいこうゆうばえ）
中幹種、中咲き

太平の恵（たいへいのめぐみ）
中幹種、早咲き

太平の粧（たいへいのよそおい）
中幹種、中咲き

＊開花期は、早咲き＝11月3日前後、中咲き＝11月7日前後、遅咲き＝11月10日前後

※それぞれの花形の一般的特徴については102ページ、草丈を表す短幹種、中幹種などの一般的な目安は36ページを参照してください。

精興の峰（せいこうのみね）
長幹種、中咲き

国華大社（こっかたいしゃ）
短幹種、早咲き

太平の松（たいへいのまつ）
中幹種、早咲き

国華吉兆（こっかきっちょう）
中の長幹種、早咲き

国華金山（こっかきんざん）
中幹種、中咲き

国華の幸（こっかのさち）
短幹種、早咲き

国華開運山（こっかかいうんざん）
短幹種、早咲き

国華加奈（こっかかな）
短幹種、中咲き

彩胡紅梅（さいここうばい）
中幹種、早咲き

＊開花期は、早咲き＝11月3日前後、中咲き＝11月7日前後、遅咲き＝11月10日前後

国華象徴（こっかしょうちょう）
やや長幹種、中咲き

彩胡天山（さいこてんざん）
中短幹種、早咲き

国華降臨（こっかこうりん）
中長幹種、遅咲き

国華錦江（こっかきんこう）
やや長幹種、中咲き

国華の証（こっかのあかし）
中幹種、早咲き

太管（ふとくだ）

泉郷情熱（せんきょうじょうねつ）
中幹種、中咲き

彩胡の心（さいこのこころ）
中幹種、遅咲き

泉郷鴨川（せんきょうかもがわ）
中幹種、早咲き

国華慕情（こっかぼじょう）
中幹種、早咲き

泉郷竹野（せんきょうたけの）
やや長幹種、早咲き

泉郷夢芝居（せんきょうゆめしばい）
中幹種、遅咲き

＊開花期は、早咲き＝11月3日前後、中咲き＝11月7日前後、遅咲き＝11月10日前後

間管（あいくだ）

泉郷葉風（せんきょうはかぜ）
中幹種、早咲き

清見の黄葉（きよみのこうよう）
中長幹種、早咲き

清見の秋月（きよみのしゅうげつ）
中長幹種、早咲き

泉郷鳳声（せんきょうほうせい）
やや長幹種、早咲き

泉郷微笑（せんきょうほほえみ）
中長幹種、早咲き

国華瀬音（こっかせおと）
短幹種、中咲き

山陽氷雨(さんようひさめ)
中幹種、中咲き

泉郷八汐(せんきょうやしお)
中幹種、中咲き

清見の小町(きよみのこまち)
中長幹種、早咲き

山陽舞姫(さんようまいひめ)
中幹種、中咲き

＊開花期は、早咲き＝11月3日前後、中咲き＝11月7日前後、遅咲き＝11月10日前後

国華山川（こっかさんせん）
中幹種、中咲き

彩胡霧雨（さいこきりさめ）
中幹種、中咲き

泉郷ときめき（せんきょうときめき）
やや長幹種、中咲き

泉郷ひな祭（せんきょうひなまつり）
中幹種、遅咲き

大掴み（おおづかみ）

華厳の滝（けごんのたき）
長幹種、中咲き

港南紅竜（こうなんこうりゅう）
中幹種、早咲き

富山の雲（ふざんのくも）
長幹種、早咲き

一文字（いちもんじ）

玉光院（ぎょっこういん）
中幹種、早咲き

岸のプリンス（きしのぷりんす）
中幹種、中咲き

月の和（つきのわ）
中幹種、早咲き

＊開花期は、早咲き＝11月3日前後、中咲き＝11月7日前後、遅咲き＝11月10日前後

三本仕立て

1本の苗を摘心し、出てきた3本のわき枝を曲づけ、誘引して天、地、人の幹に仕立て上げるもので、1鉢に3花を咲かせます。大ギク栽培の基本ともいえる端正な仕立て方です。

国華開祖（こっかかいそ）
厚物　中幹種、遅咲き

泉郷泉水（せんきょうせんすい）
細管（または針管）　中短幹種、中咲き

ダルマづくり

小型の三本仕立てといってよいでしょう。三本仕立てよりも、さし芽の時期を40～50日遅らせ、矮化剤を使用して、鉢底から花首の下まで40cm以上、60cm未満になるよう調整します。本鉢は7号鉢を用いるので培養土も少なくてすみ、スペースもとりませんが、それでいて三本仕立てに負けないぐらい立派な花を楽しむことができます。丈低く仕立てるだけに、曲づけ作業には三本仕立て以上に細かい注意が必要です。

国華花百合（こっかはなゆり）
細管　短幹種、早咲き

国華越山（こっかえつざん）
厚物　中幹種、中咲き

泉郷富水（せんきょうふすい）
短幹種、中咲き

＊開花期は、早咲き＝11月3日前後、中咲き＝11月7日前後、遅咲き＝11月10日前後

福助づくり

ダルマづくりより、さし芽の時期をさらに40日ほど遅らせ、約100日間で完成させます。本鉢は5号鉢なので、培養土もスペースもダルマづくりよりはるかに少なくてすみます。持ち運びにも便利ですから、栽培する場所が限られる都会住まいの方には特におすすめしたい仕立て方です。1鉢に1花だけ咲かせるので、三本仕立てやダルマづくりに比べても遜色のない花を楽しむことができます。

大ギク栽培の魅力

キクはわが国を代表する観賞植物です。もともとは中国渡来の植物ですが、ここまで見事な花を咲かせるようになったのは、キクを愛した日本の先人たちが長い年月をかけ、その育種に並々ならぬ情熱を注いできた証といえるでしょう。特に厚物、管物などの大ギクと呼ばれる品種群は、適切な培養を行うことで、驚くほど大型の花を咲かせます。

美しくて豪華な花を競う「菊合わせ」と呼ばれる大会は、江戸時代中期から始まったといわれますが、このことがまたキクの品種改良にいっそうはずみをつけ、同時に栽培技術の飛躍的な向上に役立ちました。菊花展の華ともいえる大ギクの千輪仕立てなどは、こうして開発された高度な栽培技術の粋ともいえるものです。草本植物をここまで大型に仕立て上げ、しかも数多くの花を整然と咲かせる園芸は世界に類を見ません。

11月ともなると、文化の日を中心に全国各地の神社や公園などで、一斉に菊花展が催されます。展示される作品は、いずれも愛好家の方たちがこの1年、丹精を込めて育て上げたキクの晴れ舞台です。ひとつじっくりと観賞してください。そして華やかなキク花に感動を覚えた方は、ぜひ1鉢からでも、趣味園芸の極致ともいえるキクづくりに挑戦していただきたいと思います。

豪華な大ギクの千輪仕立て

（上）菊花展には愛好家たちが手塩にかけた作品が多数出品されて妍を競う
（右下）大ギクの七本仕立て
品種は泉郷情熱（太管）

●大ギク三本仕立ての栽培ごよみ

大ギク栽培の基本である三本仕立ての年間管理・作業の目安をまとめました。適期、作業内容は気候、地域、個体などにより若干の違いがあります。

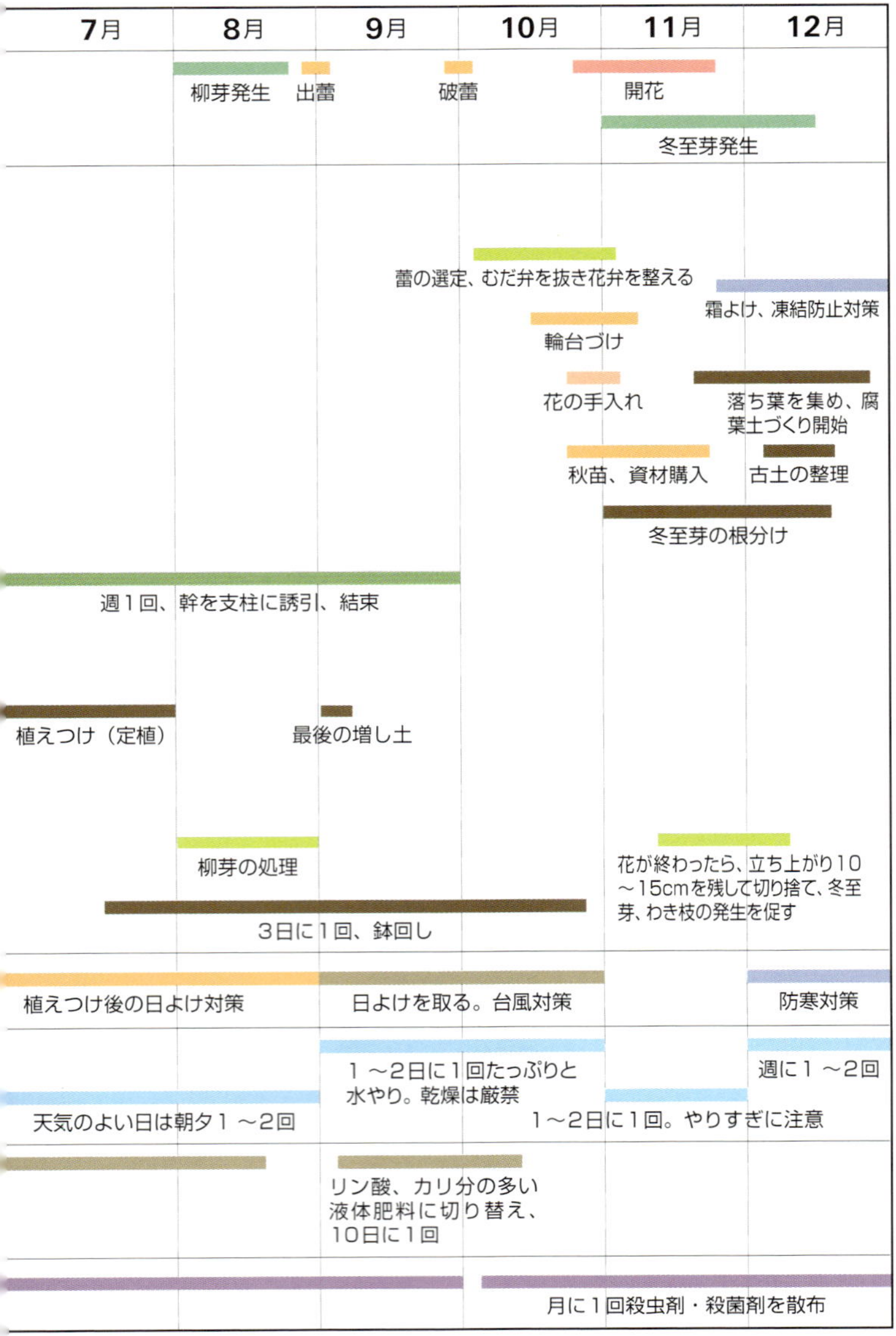

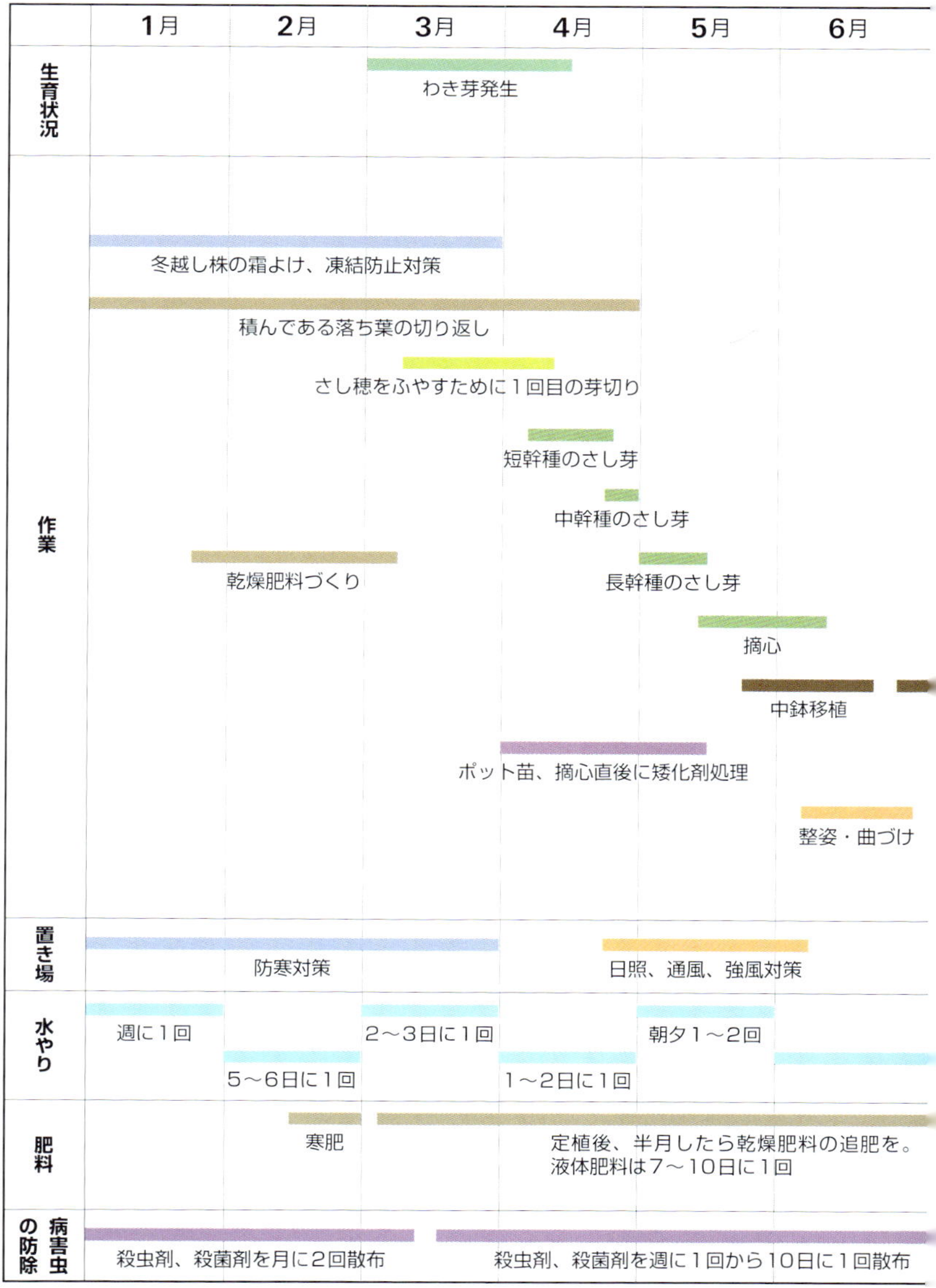
1月
2月
3月
4月
5月
6月
生育状況
わき芽発生
作業
冬越し株の霜よけ、凍結防止対策
積んである落ち葉の切り返し
さし穂をふやすために1回目の芽切り
短幹種のさし芽
中幹種のさし芽
乾燥肥料づくり
長幹種のさし芽
摘心
中鉢移植
ポット苗、摘心直後に矮化剤処理
整姿・曲づけ
置き場
防寒対策
日照、通風、強風対策
水やり
週に1回
2～3日に1回
朝夕1～2回
5～6日に1回
1～2日に1回
肥料
寒肥
定植後、半月したら乾燥肥料の追肥を。
液体肥料は7～10日に1回
病害虫の防除
殺虫剤、殺菌剤を月に2回散布
殺虫剤、殺菌剤を週に1回から10日に1回散布

本書の使い方

本書は大ギクの栽培管理法を、1月から12月に分けて、月ごとに詳しく解説しています。月ごとの生育状態、管理の要点、行わなければならない作業をわかりやすく解説しました。本書を参考に、ぜひキクづくりに挑戦してみてください。大ギクの栽培は、長い栽培の歴史のなかで愛好家のたゆまない研究によって編み出された巧緻なものです。初めから展示会に出品できるような見事な花は咲かせられないかもしれませんが、そのつど失敗点をチェックしながら次の栽培に生かせば、必ず上達するはずです。

●**ダルマづくり、福助づくりについて**　栽培は大ギクづくりの基本である三本仕立てを中心としましたが、6月から10月までは特にダルマづくり、福助づくりの項目を設けて、その栽培法も解説しています。ただし、11月以降5月までの親株の管理については、三本仕立てとほとんど同様と考えてください。

●**適期について**　本書は主に関東地方から関西地方を基準に、季節ごとの管理と作業を解説しています。地域や環境の違いによって、適期が多少ずれる場合があります。

＊本書は、NHKテレビ「趣味の園芸」で放送された内容、およびテキストに連載された内容をもとに、新たに書き下ろしました。

12か月の管理と作業

大ギクの管理と作業を月別にまとめました。
毎日の手入れの参考にしてください。

1月

気温が低く、キクの親株は休眠期に入っています。つい水やりを忘れたりしがちなものですが、株元に出ている冬至芽は、少しずつですが生育していますから、乾かしきってしおれさせてはいけません。昨年の秋に購入した苗や、年内に根分けをした冬至芽は、できればフレーム内で寒風を避けて管理しましょう。

屋上に設けた栽培場で冬越し中の親株

今月の株の状態

秋に花を咲かせた親株は、12月の寒さですっかり葉を枯らし、地上部は休眠状態です。しかし、晩秋に株元から発生した冬至芽（うど芽）は、少しずつですが生育しています。

12月に冬至芽を根分けして得た根分け苗も、ほぼ同様の状態です。

今月の管理・作業

置き場　大鉢のままの親株、冬至芽を分けた根分け苗、11月に購入した秋ざし苗とも、12月に引き続き、日光のよく当たる暖かい場所を選んで、簡単な防寒設備をして保護します。ただし、フレーム内や、ビニールで覆った囲いの中で管理している場合、真冬でも内部の温度が急上昇しがちなので、晴天の日の昼間は、覆いを外すよう注意します。

注意しなければならないことは室温の上がりすぎです。土中温度は最高25℃くらいまで上がっても心配ないのですが、夜間の最低室温は、絶対に7℃以上に上げてはいけません。7℃以上にしてしまうと、新しく出てくる芽先がすべて花芽になってしまうからです。

キクは一般に短日性の植物で、日長(1日のうちの明るい時間)が13時間以下になると花芽を分化する性質をもっています。

もしも、加温設備などを用い、最低室温を7℃以上に上げてさし穂をふやしたいような場合は、毎日3〜4時間、人工照明で新聞が読める程度の光を補って花芽の分化を防ぎましょう。これを長日処理といいます。

水やり　加温設備がないかぎり、この時期のキクはほとんど休眠状態です。そこで、水やりはできるだけ控え気味とし、鉢土の表面が白く乾いてきても、さらに1〜2日、間をおいて午前中に終えるようにします。

夕方になっても鉢の中に余分な水分が残っていると、夜間に凍って根を傷めるおそれがあるので注意してください。

肥料　休眠中なので、肥料は施しません。

病害虫の防除　冬の間は、ほとんど発生しませんが、フレームや囲いの中など、比較的温度の高い場所には、アブラムシ、ハダニ、それにさび病の病菌などがひそんでいます。月に2回ぐらい殺虫剤、殺菌剤(117ページ参照)の散布をします。

●親株の管理

多くの場合は、花後に冬至芽（うど芽）が出てくるので、早めに地上部を切り詰めておきますが、品種によっては年内に冬至芽が出ないものもあります。そうした株は、冬至芽が出てきたのを確認して、地上部を切り詰めます。

親株・枯れ葉の整理

❶ 寒さですっかり葉を枯らした親株

❷ 冬至芽を残し、枯れた幹や枯れ葉を切り取る

●積んだ落ち葉の切り返し

腐葉土をつくるために11月から12月に積んでおいた落ち葉を取り出し、均一に発酵させるためにもう1回切り返します。水分が足りない場合は、少し水を加えてください。水が多すぎてもうまく発酵しません。また、切り返すときに発酵促進剤を少量加えることで分解が進むとともに、有用バクテリアが繁殖し、良質の腐葉土となります。

切り返しが済んだら、再び積み直してこも、ビニールシートなどをかけておきます。

冬至芽の出ていない親株は、そのまま残してわき枝を出させる

腐葉土のつくり方

近くの神社や公園などで落ち葉を拾い集め、たっぷり散水したあとビニールシートなどで覆って水分をしみ込ませる。2〜3日たって落ち葉に十分水分が浸透したころ、容器に落ち葉を高さ20cmぐらいに積み込む。発酵促進剤と米ぬかを落ち葉が隠れるぐらい振りかけ散水し、足で踏み込みながら同じ作業を必要なだけ繰り返す

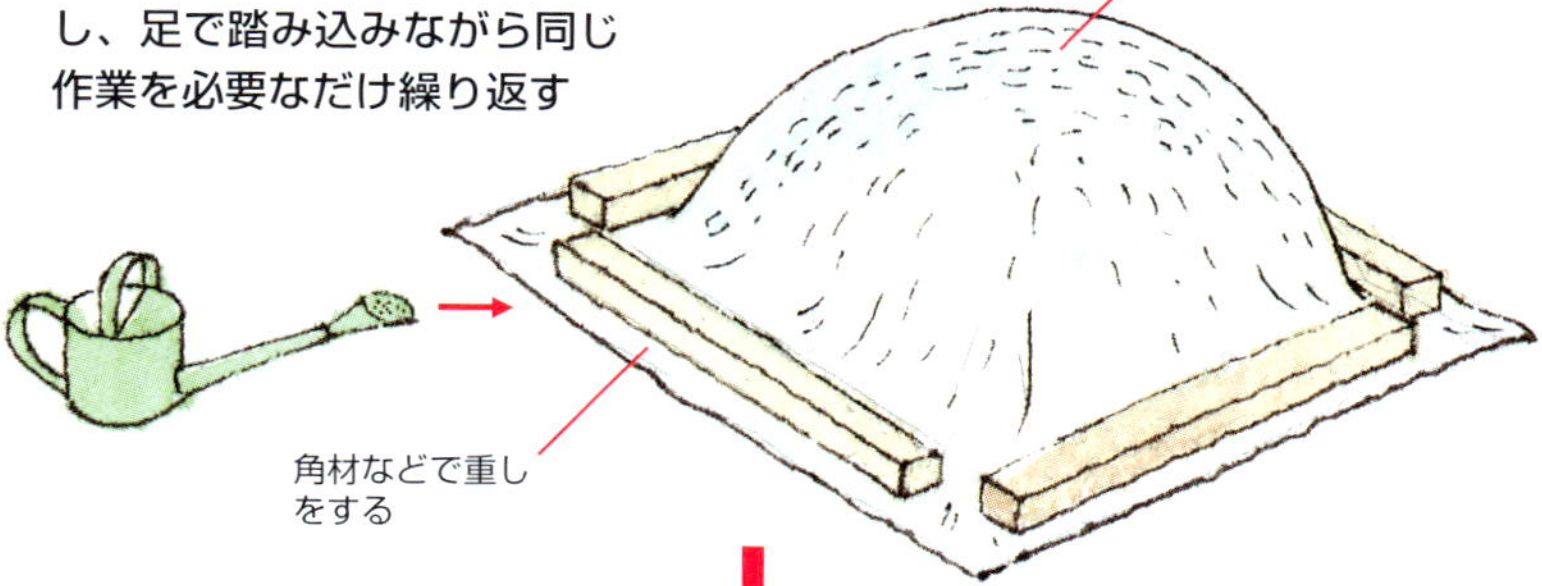

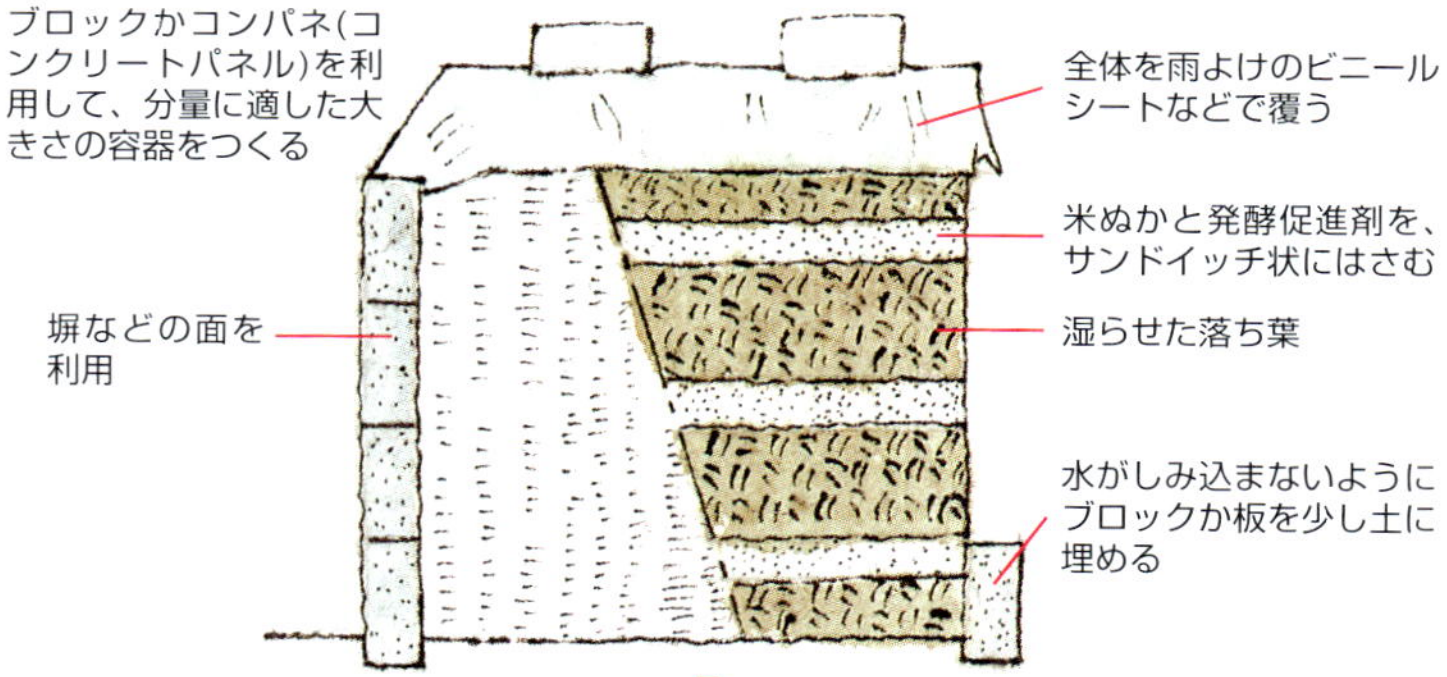

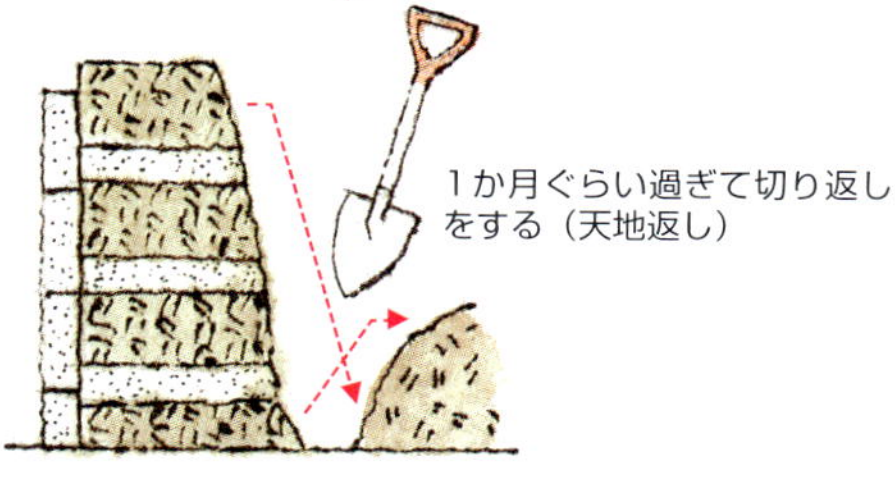

2月

冬越し中の冬至芽。寒いさなかだが、2月になると根が動きだし、月末ごろからそろそろ芽が伸び始める

暦の上では立春を迎えますが、一年中で最も寒い季節です。簡易なフレームの場合は、夜間の冷え込みによる鉢土の凍結に注意を払う必要があります。晴天の日中はふたを開けて日光に当てますが、夕方は日のあるうちにふたを閉め、発泡スチロール板をのせ、その上に古毛布をかぶせるなどして保温に努めましょう。

今月の株の状態

2月は1年で最も寒い時期です。冬越しの株は、見た目には1月の状態とほとんど変わりません。

しかし、この時期になると、1月の低温に当たったことで休眠状態が打破され、植物成長ホルモン（オーキシン）が充実してきていますから、フレームなどで保温されている株では、2月下旬になると少しずつ冬至芽が伸長してきます。月末から3月上旬にかけて、伸びすぎた芽は芽切りを行います。

今月の管理・作業

置き場　前月に引き続き、日中はよく日に当たるようにし、夜間は霜よけ程度の防寒をして管理します。晴天の日の温度の上がりすぎには、くれぐれも注意しましょう。

水やり　1月に準じ、乾き気味に管理します。

肥料　そろそろ成長し始めるので、親株には寒肥として乾燥肥料を大さじ1杯ずつ、鉢の3か所に置くか、または錠剤の緩効性化成肥料(例・N-P-K=12-12-12)中粒1錠ずつを3か所に置き肥します。

5号鉢に植えてある冬至芽苗や購入した苗には、10日に1回くらい薄めの液体肥料(例・N-P-K=5-5-5の1000倍液)を施します。

病害虫の防除　1月に準じ、月に2回ほど殺虫剤、殺菌剤の散布を行います。

●積んだ落ち葉の切り返し

腐葉土をつくるために積んでおいた落ち葉を、まだ切り返していない場合は、1月の管理・作業に準じて切り返しを済ませ、均一な発酵を促します。この作業は3月ごろまで、月に1回行うようにします。

●苗の注文

キクの専門種苗会社では、7月ごろ、あるいは12月ごろに苗のカタログを発行します。これを利用して新しい品種などを入手したい場合は、遅くとも開花の8か月前まで(11月初旬咲きとして3月まで)に注文を済ませましょう。

乾燥肥料をつくる

キク専用の肥料もいろいろ市販されていますが暇な時期を利用して、良質の乾燥肥料をつくってはいかがでしょう。

一般に、チッ素、リン酸、カリが肥料の三要素といわれます。しかし、この三要素だけでは、よい植物は育ちません。二次的な要素としてカルシウム、マグネシウム、イオウ、またごく少量しか必要ありませんが、それでも健全な生育に欠かせない微量要素として、マンガン、ホウ素、鉄、銅、亜鉛、モリブデン、塩素などがあります。

従来の市販の肥料は、三要素のみを含み、二次要素や微量要素はほとんど含有しませんでした（近年は微量要素入りの製品もふえてきました）。それに対して、ここで紹介する手づくりの乾燥肥料の場合は、以上にあげたようなさまざまな要素をバランスよく含有するため、昔から理想的な肥料として愛用されてきました。

●つくり方

配合例として、2例を紹介します。

①油かす4、魚かす3、米ぬか2、くん炭1

乾燥肥料のつくり方

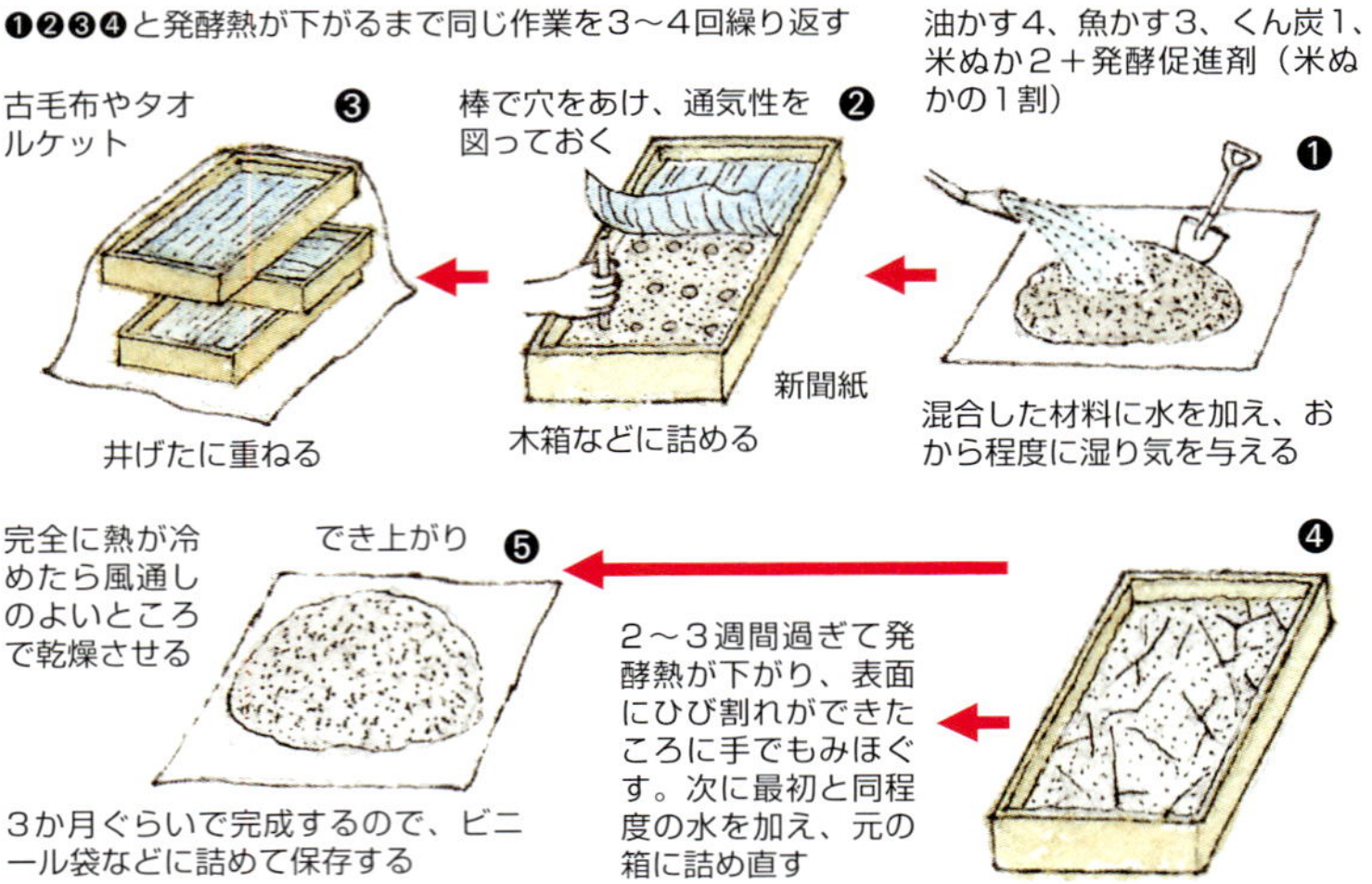
❶❷❸❹と発酵熱が下がるまで同じ作業を3～4回繰り返す
油かす4、魚かす3、くん炭1、米ぬか2＋発酵促進剤（米ぬかの1割）
❶
混合した材料に水を加え、おから程度に湿り気を与える
❷
棒で穴をあけ、通気性を図っておく
新聞紙
木箱などに詰める
❸
古毛布やタオルケット
井げたに重ねる
❹
2～3週間過ぎて発酵熱が下がり、表面にひび割れができたころに手でもみほぐす。次に最初と同程度の水を加え、元の箱に詰め直す
❺
でき上がり
完全に熱が冷めたら風通しのよいところで乾燥させる
3か月ぐらいで完成するので、ビニール袋などに詰めて保存する

②油かす3、魚かす5、米ぬか1、くん炭1（米ぬかには発酵促進剤を1割配合しておく）

以上の材料に水を加えて、よくかき混ぜます。このときの水加減が大切で、水が少なすぎると発酵しにくく、そうかといって水が多すぎるといつまでたっても発酵せずに腐敗してしまいます。混ぜ合わせた材料を手で握りしめ、開いたあとちょっと指で押してみると簡単にくずれる程度がちょうどよい水加減です（おからよりやや水分が少なめといったところです）。

混ぜ終えたところで、浅い木箱などにふんわりと軽く詰め、新聞紙をかけて、その上をござや古毛布などで覆っておきます。

2～3週間もすると一次発酵が始まります。発酵が進んできたかどうかは材料が発酵熱（20～40℃にもなる）を出すのでわかります。この発酵熱が下がってくると乾いて表面にひびが入ってきます。

このころ、材料を手でもみほぐし、水を加えて最初と同程度の湿り気にし、元の箱に詰め直して二次発酵をさせます。

こうした作業を3～4回繰り返し、3か月ほどたって発酵熱が出なくなってきたら、日陰でよく乾燥させたあと、5㎜目のふるいでふるい、密閉できる容器に入れて保存します。

また、前記①、②の材料にそれぞれ同量のおから（豆腐から）を加えてつくるのもよい方法です。この場合、練り合わせるとき水は必要ありません。よくかき混ぜるだけで結構です。そのあとのつくり方はまったく変わりません。おから入りの乾燥肥料は、肥料の効き目が穏やかで、肥料あたりを起こすことが少ないので失敗しにくいものです。ぜひ、一度試してみてください。

3月

春先によく雪が降ります。親株が軒下に置いてある場合は雪よけを忘れないこと。冬至芽から盛んに伸び出るわき枝は、さし芽を行う1か月ほど前に、芽切りをしておきましょう。また、そろそろ病害虫の動きも活発になってくるので、薬剤の散布もこれまでの月2回から週1回にと、まめに行う必要があります。

冬至芽からわき枝が伸びてくる。本葉が5～6枚開くほどに伸びたものから先端を摘み取っておく

今月の株の状態

中旬を過ぎると、朝晩の寒さも和らぎ、いよいよキク苗の成長が始まります。

今月の管理・作業

置き場　フレームやビニールハウスの中は、晴れた日には急激に高温となりますから、ドアの開閉をこまめに行い、風通しをよくする配慮をして室温の上がりすぎを防ぎます。

水やり　2月に準じますが、3月も後半に入ると根の活動が次第に活発になってきますから、用土の乾きも少しずつ早くなります。そこで、これまでより水やりの回数も多少ふえてきます。表土が白っぽく乾いてきたら、たっぷりと水を与えます。

肥料　5号鉢に植えてある冬至芽苗や新しく入手した苗には、引き続き10日に1回くらいの割で濃いめの液体肥料(N-P-K=5-5-5の500倍液)を施します。

病害虫の防除　2月に引き続いて、殺虫剤、殺菌剤の散布を行います。3月も後半に入り、気温が上昇してくると、害虫ではアブラムシやハダニ、病気では白さび病などが発生しやすいので、適用薬剤(117ページ参照)を週1回の割合で散布し、防除に努めます。

●親株の芽切り

3月に入ると、冬至芽から伸び出たわき枝(側枝)が一斉に成長し始めるので、伸びたものから芽切りをしておきます。

芽切りの目的　芽切りを行う目的は、さし穂の採取数をふやすためだけではありません。伸び出る新芽をほうっておくと硬くなってしまい、さし芽に適さなくなってしまうからです。本葉が5~6枚開くほど(長さ10cmほど)に伸びたら、必ず先端を摘み取るようにしてください。

芽切りの適期　芽切りをする時期は、さし芽を行う1か月前ぐらいが適期です。ですから、4月上旬にさし芽を行う極短幹種では、3月上旬ごろに芽切りを済ませ、そこから発生した芽がちょうどさし穂に適することになります。4月下旬にさし芽を行う短幹種では3月中旬から下旬に芽切りをして育てた芽をさし穂に利用します。

このときの芽切りは、成長点部を1cmほど確実に摘み取っておけばよく、さし芽苗の摘心

芽切りをしてわき芽を育てる

（冬越し株、親株）

冬至芽が少ない場合は、鉢の中で冬至芽を育てる。親株の本葉４～５枚を残して上部は切り取る。冬至芽がたくさん出たら、親株は株元で切る

開花させた親株に出ている冬至芽の本葉４～５枚を残して、先端を切り取る

芽切りの１週間後に500倍の液体肥料を３月上旬から10日に１回、４月上旬から５日目ごとに追肥。さし芽10日前に中止する

芽切りの方法
本葉が５～６枚伸びたころに本葉を４～５枚残して芽切りする

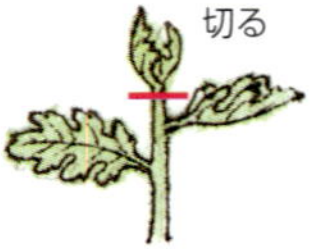

芽切り後に出るわき芽を育ててさし穂にする

（購入苗）

購入苗。根を水ゴケに包んだもの、または、ポット植えの苗

苗を入手したら、ただちに５号鉢に移植する。活着したら芽先を切り取り、さし穂の増殖を図る

本葉が５～６枚伸びたころに、枯れた葉を取り除き、丈夫な本葉４～５枚を残して先端を切り、さし穂の増殖を図る

切り取ったあと。乾燥肥料を中さじ１杯ずつ３か所か、錠剤の緩効性化成肥料（中粒）１錠ずつ３か所に置き肥する。一度に両方施してはいけない

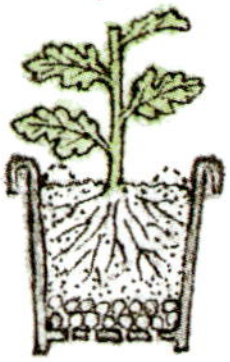

切断後に出てくるわき芽を育ててさし穂にする

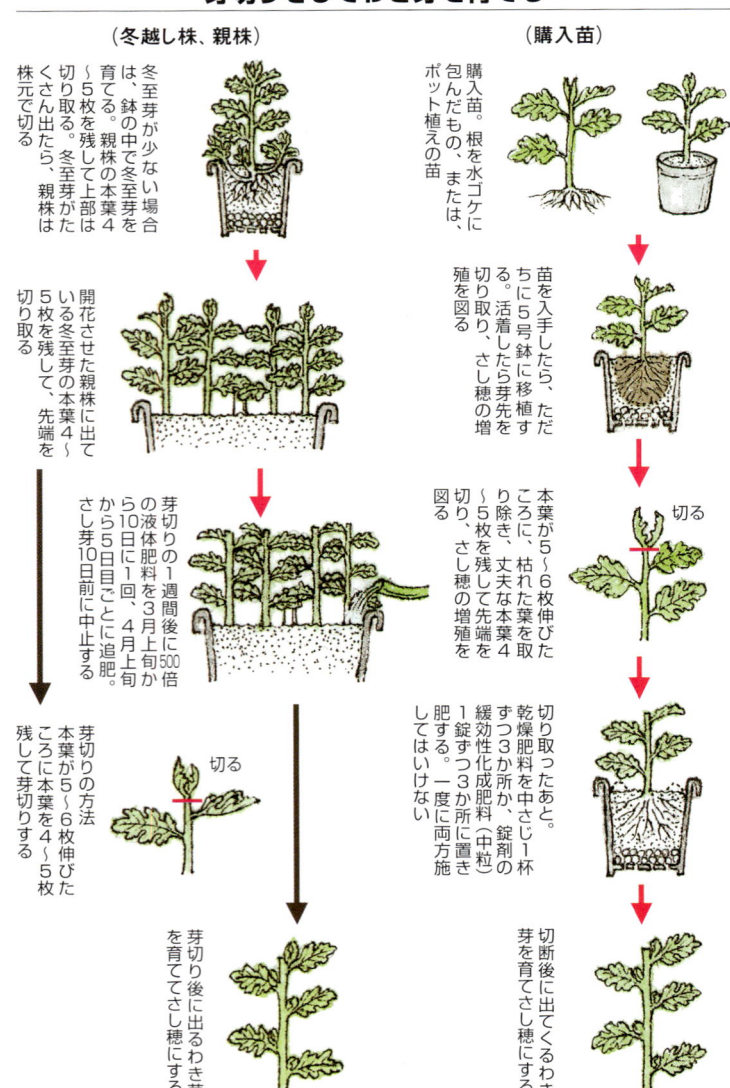

（44ページ参照）のように、小さく慎重に行う必要はありません。

●積んだ落ち葉の切り返し

2月中に一度切り返しをした落ち葉は、今月の中・下旬にもう一度水を補給して切り返し、積み直しておきます。発酵が遅いようであれば、切り返すときに米ぬかに発酵促進剤を混ぜたものを加えておきます。

●苗の入手

さし芽の親株となる苗を入手する適期です。できるだけよい苗を入手しましょう。入手した苗は5号鉢に移植しておきます。

●資材の準備

完熟した腐葉土（左）は、よく乾燥させてから収納すれば、何年も保存できる（右）

今のうちに今年使用する資材を点検しておき、不足分は買いそろえておきましょう。

鉢　大ギクづくりには、キク用の大鉢（10号＝口径30㎝、9号＝口径27㎝、8号＝口径24㎝。10号鉢は厚物、厚走りに、9号鉢は太管に、8号鉢は間管、細管の定植に使用）や中鉢（6号または7号＝口径18〜21㎝。6号鉢は三本仕立ての定植前の段階に、7号鉢はダルマづくりの定植に使用）、小鉢（5号＝口径15㎝。福助づくりの定植に使用）が必要です。今年は幾鉢育てるか目安を立て、不足することがないよう今のうちに購入しておきます。

支柱　三本仕立て用支柱、ダルマづくり用支柱、福助づくり用支柱があります。それぞれ鉢数を検討して、不足分を購入しておきます。

このほか、肥料や各種の薬剤、市販の培養土なども、今のうちにそろえておきましょう。

4月

本格的な成長が始まります。降霜のおそれがなくなったら、早めにフレームから出し、十分に日の当たる場所で親株の肥培管理に専念しましょう。短幹種は、三本仕立て用のさし芽を行う月です。鉢上げに備えて、まだ培養土をつくり終えていない場合は、できるだけ早く調整を済ませてねかせておきましょう。

親株は冬至芽からのわき枝がどんどん伸び出している

今月の株の状態

気温がぐんぐん高くなり、キクは勢いよく成長してきます。親株は肥培を続けるとともに、十分日光に当てて、健全な生育を促します。また、よいさし穂を得るために、3月に引き続いて伸び出る芽の芽切りを続けます（10㎝ほど伸びたら芽先を切る）。病害虫の動きもいちだんと活発になってきます。

今月の管理・作業

置き場　降霜の心配がなくなってきた地域では、

1日も早くフレームから出して、太陽の光がよく当たる場所で管理します。ただし、この季節には思いもよらない強風が吹き荒れることがあります。フレームから株を出す場合には、強風を避ける準備も怠らないことです。

水やり　親株への水やりは3月に準じます。この時期にうっかり強くしおれさせてしまうと、茎が硬く締まってよいさし穂がとれなくなるおそれがありますから、水を与えるときは鉢底の穴から流れ出るまで、十分に与えます。

肥料　週に1回ほどの割で液体肥料（500倍液）を水やり代わりに施し、さし穂となる新芽の成長を促します。

病害虫の防除　今月からは週に1回ぐらい殺虫剤、殺菌剤の散布をします。特に、根も出ていないさし穂の葉裏に、ダニが発生して吸汁害を与え、移植をして伸び出したころに葉裏が汚い薄茶色になります。このような葉は、将来必ず枯れて落ちてしまいます。さし芽前には殺ダニ剤の散布も徹底して行っておいてください。

●培養土の準備

どんなにうまく育てようとしても、キクの生育に適した培養土でなければ、よい結果は得られません。今のうちに理想的な培養土をつくっておきましょう。

一般的には、赤玉土（大粒＝8〜10号鉢で使用、中粒＝5〜7号鉢で使用、小粒＝3〜4号鉢で使用）3、腐葉土2、ヤシ殻チップ2、くん炭かヤシ殻炭1、パーライト1、高度珪酸塩白土1といった配合でよいでしょう。

乾燥の激しい栽培場であれば、これよりも赤玉土、腐葉土の量を多くして水もちをよくし、逆にあまり乾かないような場所ならば、パーライトを多くして水はけのよい培養土にするといった加減をします。

配合が終わったら適度な水分をもたせ、乾燥させないようビニールシートなどで覆います。

培養土を配合する作業は、必ず植えつけ（定植）を行う3〜4か月前までに済ませましょう。ねかせて熟成させておくことで、土壌微生物の働きなども活発になり、根の生育に適した理想的な培養土となるからです。

三本仕立てのさし芽

三本仕立てのさし芽の適期は次のとおりです。

極短幹種　4月上、中旬（草丈は1m未満）
短幹種　4月中、下旬（草丈は1〜1.2m）
中幹種　4月下旬（草丈は1.2〜1.6m）
長幹種　5月上、中旬（草丈は1.6〜1.8m）
極長幹種　5月中旬（草丈は1.8m以上）

ただし、これは一応の目安です。培養場の条件や培養土の違い、その年の気候によってもかなりの差があることを心得ておいてください。

●さし芽の準備

キクのさし芽は、以前は育苗箱にさしたりしたものですが、移植時にうまく根づかないといった失敗例が多く見られました。こうした失敗を防ぐために、ここでは直接ポリポットにさす「ポットざし」の方法を紹介します。

準備するものは、2.5号（径7.5㎝）のポリポット、コップ、竹ばし、軽便カミソリ、発根促進

品種	さし芽月日 2.5号(径7.5cmポット)	5号鉢(径15cm) 移植	8〜9号鉢(径24〜27cm) 植えつけ(定植)
極短幹種	4月10日	5月10日	6月10日
短幹種	4月20日	5月20日	6月20日
中幹種	4月25日	5月25日	6月25日
中長幹種	5月　5日	6月　5日	7月　5日
長幹種	5月10日	6月10日	7月10日
極長幹種	5月15日	6月15日	7月15日

剤（例・オキシベロン、ルートンなど）、ラベル、さし芽用土です。

さし芽用土　ポットざしに用いる用土は、ピートモス4、赤玉土（小粒）2、鹿沼土（小粒）1、高度珪酸塩白土1、くん炭またはヤシ殻炭1、パーライト1の混合土を用います。ただし、この用土は酸性土ですから、さし芽を行う1か月前ごろに、用土10ℓ当たり苦土石灰25gほどをよく混ぜ合わせて中和を図り、十分湿り気を与えて乾かさないように保存しておきます。

さし床の準備　さし芽をする2週間ほど前に、ポットのさし床を準備します。2.5号ポット（径7.5㎝）の鉢底に、ゴロ土の代わりにヤシ殻チップ（小粒）を厚さ1㎝ほどに敷き並べてから（この場合、鉢穴に防虫網は不要）、前記の用土を山盛りに入れます。次にこの用土を、ポットの縁から5㎜ぐらい水やりのための空間（ウォータースペース）があく程度に指で詰め込みま

さし穂の採取と調整

❶ 元気に伸びているわき枝の先7～8cmほどを切り取る

❷ 下葉を落としてから、カミソリで、長さ5cmほどに直角に切り戻す

❸ 調整をし終わったさし穂

❹ 植物活性剤を加えた水に2時間ほどさし穂を浸し、水あげを行う

さし芽の仕方

❶ さし床の準備（①〜③）。まず、2.5号ポット（径7.5cm）の底に、ヤシ殻チップ（小粒）を敷き並べる

❷ 1か月ぐらい前に準備しておいたさし芽用土を山盛りに入れる

❸ 鉢縁から5mmぐらいウォータースペースができるよう、指で詰め込む

❹ 準備しておいたさし床の中央に、竹ばしで深さ2〜3cmの穴をあける

❺ 予定した数のポットに、❹までの作業を行い、さし芽の準備が整った

6 水あげしたさし穂の切り口に、発根促進剤を塗布する

す。その後は毎日水やりをして、用土と苦土石灰をなじませておきます。

さし穂の採取　さし芽を行う2時間ほど前に、親株から元気に伸びているわき枝の先7〜8cmを切り取り、下葉を外してから簡便カミソリで長さ5cmほどに直角に切り直します。次にコップの水に植物活性剤を加え、ここに調整したさし穂を浸して水あげをします。品種を混同することがないよう、コップにも必ずラベルを差しておきましょう。

●さし芽の仕方

準備しておいたさし床の中央部に、竹ばしで深さ2〜3cmの穴をあけます。水あげをしたさし穂の切り口に発根促進剤を塗布してこの穴にさし込み、まわりをしっかり押さえ、さし穂が動かないようにしておきます。

7 準備しておいたさし床の穴に、さし穂をさし込む

8 さし穂がぐらつかないよう、周囲の用土を指でしっかり押さえておく

9 ラベルを立てて作業完了。水は当日は与えず、翌朝たっぷり与える

ここで必ずラベルを立てます。ラベルの表には品種名、花色などを、裏面にはさし芽をした年月日や鉢上げ年月日を記入しておくと、その後、施肥その他の管理に役立ちます。これでさし芽の作業は完了です。

さし芽をした当日は、切り口につけた発根促進剤をよく吸収させるために、水は与えません。

●さし芽後の管理

置き場　翌朝、風の当たらない半日陰の棚上に出し、たっぷりと水を与えます。もし適当な日陰がない場合は、周囲を遮光材などで囲って、40%ぐらいの遮光をするとよいでしょう。4～5日たったら、午前中はよく日の当たる場所に移し、西日を避けるなどして少しずつ日光に慣れさせます。

水やり　しばらくの間、水やりは極力控え、表土が白っぽく乾くのを待ってから水を与えます。いつも用土が湿っているようでは、発根が遅れます。日中はしおれていても、夕方には芽先がしっかり戻っているような場合は、与えずに翌

さし芽苗の置き場所

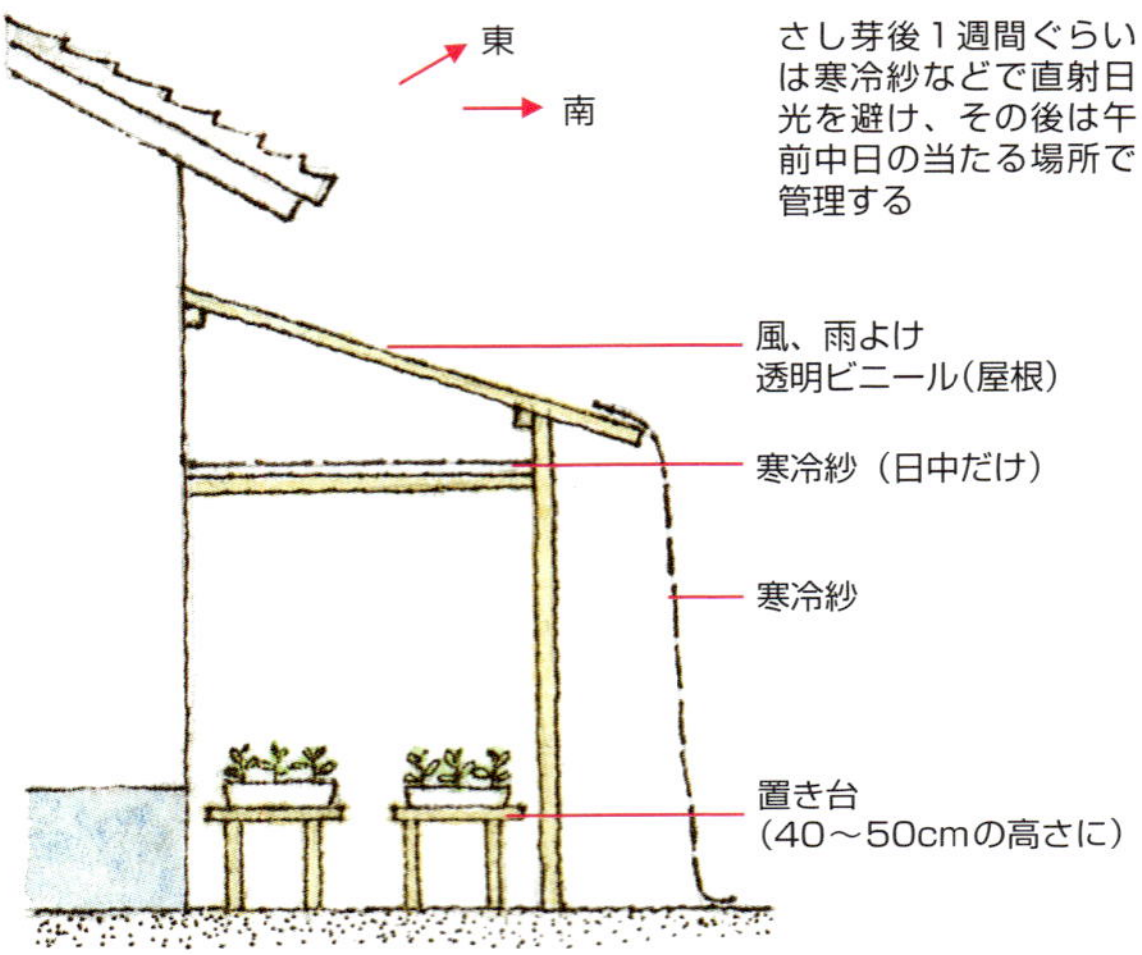

東
南
さし芽後1週間ぐらいは寒冷紗などで直射日光を避け、その後は午前中日の当たる場所で管理する
風、雨よけ
透明ビニール(屋根)
寒冷紗 (日中だけ)
寒冷紗
置き台
(40～50cmの高さに)

朝まで待ちましょう。どうしても心配なときは、スプレーなどで葉水だけを与えます。こうして10日もすれば発根が始まり、日中でもあまりしおれなくなってきます。

肥料　発根するまでは施しません。

●ダルマづくり、福助づくりのさし穂の育成

三本仕立て用のさし穂を採取した親株は、本葉5〜6枚を残して各枝の先端を切り詰め、引き続きダルマづくり、福助づくり用のさし穂を養成します。親株には、さし芽を行う10日ほど前まで、週に1回ぐらい液体肥料を施し続けてください。

さし穂を採取した親株は、引き続きダルマ、福助用のさし穂を養成する

従来から行われてきた箱ざし、団子ざし

以前はキクのさし芽というと、浅い木箱や発泡スチロール製の箱などを利用した「箱ざし」が主流でした。さし芽用土としては、赤玉土や鹿沼土、川砂、桐生砂などの単用か、もしくはこれらを配合したものを用いていました。

また、当時は発根促進剤が普及していませんでしたので、発根をよくするために「団子ざし」と呼ばれる方法が盛んに行われました。まず、鹿沼土をすり鉢で粉状にすりつぶし、粉状のままのものと、これに水を加えてどろどろに溶かしたものとに分けておきます。さし穂の切り口を、どろどろに溶いた鹿沼土につけ、これに乾いた鹿沼土の粉をまぶして団子状としたものを、さし床にさすという方法です。

箱ざしは発根はよいのですが、小鉢に上げる際に活着に失敗することがあります。そこで本書では、小鉢上げを省略できて失敗しにくい合理的なさし方として「ポットざし」の仕方を紹介しました。

5月

４月にポットざしをした苗は、三本仕立てに必要なわき芽を出させるために、摘心作業を行います。その後、十分に根を張ったものから中鉢へ植え替えます。また、引き続き中長幹種や長幹種のさし芽を行います。また、６月に行うダルマづくりのさし芽のために、１か月ほど前に親株の芽切りをしておく必要があります。

そろそろ摘心の時期を迎えた三本仕立て用の苗

今月の株の状態

キクの生育にとっては最適の気候条件で、苗はみずみずしく元気に生育しています。前月に引き続き、さし芽の適期でもあり、また、４月にさし芽をした三本仕立て用の苗は、摘心と中鉢への移植を行う時期となります。

今月の管理・作業

置き場　親株の置き場も、さし芽苗の置き場も、４月に準じます。

水やり　さし芽苗は、水を与えすぎると根がよく生育しません。中鉢に植え替えた直後など、特に根が動き始めるまでは、控えめに与えることです。ポットの用土の表面がよく乾くのを待って、できるだけ朝のうちに与えるようにします。

肥料　中鉢に植え替えた苗には、乾燥肥料を中さじ1杯ずつ、鉢の3か所に置き肥します。錠剤の緩効性化成肥料（例・N-P-K=12-12-12）を用いる場合は、中粒1錠ずつを3か所に置き肥します。さらに4月に引き続き、週に1回ぐらいの割で、濃いめの液体肥料（例・N-P-K=5-5-5の500倍液）を施します。

病害虫の防除　4月にも増して、病害虫の活動が活発になります。アブラムシ、ハダニ、ヨトウムシ、などの害虫やさび病などが発生します。殺虫剤、殺菌剤の散布を週に1回ほど徹底的に行ってください。

●三本仕立て苗の摘心

ポットの中ですくすくと成長してきた苗が本葉7～8枚、高さ8cmぐらいに伸びたころ、将来、三本仕立てに必要なわき芽を出させるために、苗の最先端の芽を摘み取る作業を行います。これが摘心作業です。早くにさし芽をした極短幹種では今月中旬から下旬が作業適期となります。

病害虫が盛んに発生する季節なので、週1回は薬剤散布を

矮化剤の散布　摘心をする4～5日前に、矮化剤（例・Bナイン500倍液）を芽先に散布しておくと、節間が詰まるため、三枝の分岐の段差が少なくなりま

摘心の仕方

さし穂が活着し、8cmぐらいに伸びたところで摘心を行う

ピンセットを用いて、芽先の成長点をできるだけ小さく摘み取る

摘み取った成長点（米粒ほどの大きさ）

摘心をしたあとの状態

成長点を摘みそこなうと、頂部から再度新芽が伸び出てくることがある

再度出てきた頂芽は、もう１回摘心してわき芽の発生を促す

す。同時に葉や茎が丈夫になって、下葉の脱落を防ぐ効果もあります。

ただし、極短幹種や短幹種の場合は、特に矮化剤で処理する必要はありません。

摘心の仕方　摘心は、芽先の成長点をできるだけ小さく摘み取ることが大切です。米粒の大きさ程度の小さな芽先を、ピンセットの先を使っててていねいに摘み取ってください。ただし、小さく摘もうとするあまり、先端部の葉ばかり摘んで成長点を摘みそこなうと、数日後に摘み取った位置から、筆の穂先のような形をした芽が伸び出てくることがあります。これを放置すると、先端から葉が展開してきますから、できるだけ早く再摘心をしてください。1回だけでなく、再度出てくることもあるので、毎日観察を怠らず、確実に摘心します。

摘心後の管理　摘心後は、週に1回液体肥料を施し、わき芽の育成に努めます。10～15日たつと、残した葉の基部からわき芽が伸び出てきます。そのころになっても、先端から棒状の芽が伸び出すことがありますが、上部のよくそろって伸び出たわき枝3本を残し、その上は切り戻します。3本残したわき枝の下から出てくるわき芽もすべて摘み取り、以後は三枝の育成に努めます。

●中鉢への移植（鉢上げ）

ポリポットの底穴から白い根が出てきた株から、順次5号鉢（径15㎝）または6号鉢（径18㎝）に植え替えます。鉢上げが終わったら、アブラムシの予防に、浸透移行性の殺虫剤（例・アドマイヤーなど）を鉢縁に1gぐらいばらまいておきます。

鉢上げをしてしばらくは、水をあまり与えすぎると根の生育を妨げます。鉢土の表面が十分

さし芽苗の中鉢への移植

❶

5号鉢または6号鉢の底に防虫網を敷く

❷

その上にヤシ殻チップを厚さ3㎝ぐらい敷く

❸

軽く培養土を入れる

❹

乾燥肥料を中さじ1杯ずつ3か所に施す

❺

元肥を施した状態

❻

この上に培養土を入れて高さを調整する

❼

さし芽苗をポットから抜いたところ

❽

鉢の中央に株を据え、培養土を入れる

❾

両手の指で培養土をしっかり押さえておく

❿

3か所に置き肥し、ラベルを立てておく

に乾くのを待って与えるようにしてください。

置き肥は、植え替えと同時に、乾燥肥料を中さじ1杯ずつ、3か所に施します。緩効性化成肥料（錠剤）を使用する場合は、中粒1錠ずつを、同じく3か所に施します。

さらに、週に1回、水やり代わりに液体肥料を施します。

●ダルマづくりのための親株の芽切り

丈夫なさし穂を育てるために、親株には液体肥料を5日目ごとに施します。ただし、この追肥は、さし芽を行う10日前に中止します。

ダルマづくりのさし芽は、6月10日から20日に行います。そこで、柔らかくて若々しいさし穂を確保するために、さし芽をする30日ぐらい前に、親株の枝先をもう1回切り戻し、新しい芽を伸び出させるとともに、さし穂の増殖を促します。

市販のキク専用培養土について

園芸店に行くと、「草花用の土」、「野菜用の土」など、すでにブレンド済みのいろいろな培養土が売られています。自分で基本用土を配合する手間が省けるということから、一般の家庭園芸ではこうした出来合いの培養土を利用する人が多いはずです。

キクの場合も、キク専用のブレンド済み培養土が何種類か市販されています。初めてキクづくりをするので培養土の用意がないという方や、ほんの数鉢しか育てないという場合は、もちろんこれを利用するのも手でしょう。けれども、市販の培養土は、自家製に比べて何倍も高価につきます。何十鉢も育てるとなると、どうしても自分でつくるしかありません。腐葉土などは、つくるのに手間はかかるかもしれませんが、なにせ購入費がかかりません。

また、愛好家になるほど素材や品質にこだわりをもつものです。納得のゆく培養土となると、やはり自家製にこだわる人が主流派ではないでしょうか。

6月

前月に摘心をして中鉢に植え替えた苗は、三本仕立てにするために最も大切な整姿・曲づけを行うときです。また、ダルマづくりのためのさし芽を行う適期でもあります。病害虫では、特にうどんこ病や白さび病などが発生しやすい季節でもあるので、定期的な薬剤散布を続けてください。

整姿・曲づけ作業を終えた三本仕立ての株

今月の株の状態

前月に引き続き、さし芽苗の摘心、中鉢上げと、大事な作業が続きます。そのあとには、三本仕立てへの最初の難関ともいえる三枝の整枝が待っています。

また、ダルマづくり用の苗をつくるためのさし芽作業も、今月が適期です。

今月の管理・作業

置き場　親株の置き場も、さし芽苗や中鉢に上げた苗の置き場も、5月に準じます。

水やり　５月に準じます。中鉢に植え替えた苗は発根するにしたがい乾きが早くなりますから、少しずつ与える水の量をふやしますが、過湿にならないよう注意しましょう。用土の表面が十分に乾くのを待って、１日１回、朝のうちに与えるようにします。

肥料　５月に引き続き、週に１回くらいの割で、濃いめの液体肥料（500倍液）を施します。

病害虫の防除　病害虫の活動はますます活発になります。５月に引き続き、週に１回の薬剤散布を励行する必要があります。

三本仕立ての整姿・曲づけ

整姿の適期　中鉢に移植し、摘心後に伸び出た３本のわき枝（側枝）が、長さ12～15㎝ぐらいに伸びたときが、三本仕立てにするために枝を曲げ、形を整える適期です。この時期を逸すると、作業がしにくくなり、すっきりとした姿になりません。

準備するもの　枝の太さに合わせて、太い枝用には径２㎜、細い枝用には径１㎜の太さのアルミ線を、長さ35㎝ぐらいに切ったもの３本を用意します。そのほか、仮支柱３本、ラフィア、小バサミを準備しておきます。

●整姿の仕方

三本仕立ては、３本のわき枝をそれぞれ等分の角度（120度ずつ）をもたせて３方向に広げ、いったん水平近くまで引き下げたあと、支柱に沿って立ち上がらせます。この枝を引き下げる作業が、慣れない初心者には最も難しく、下手をすると茎とのつけ根部分から裂けてしまいがちです。初心者の場合は、１～２日水やりを控え、少し枝をしおれ気味にしてから曲げるほうが安全でしょう。

6月

三本仕立ての整姿・曲づけ

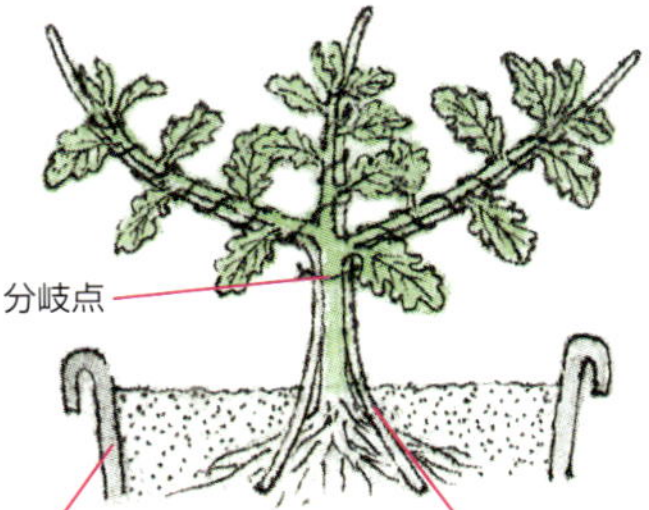
分岐点
5号鉢または
6号鉢
アルミ線3本を鉢土に
深さ5cmほど差し込む

三枝が分岐点から長さ12～15cm
伸びたときに誘引を行う

❶

まず、1本目の枝に沿ってアルミ線を
差し込み、ラフィアで巻き上げる

❷

2本目の枝にも同様にアルミ線を沿わ
せ、ラフィアで巻き上げておく

❸

ラフィアを枝に巻きつける前の状態。
人･地･天の順、あるいは天・地・人の
順、いずれの方法でも曲づけできる

❹

ラフィアを巻いた方向に枝をねじりな
がら、下方に曲げるのがコツ

❺

三枝とも、水平よりやや斜め上向きに
なるよう、枝を引き下げる

3本のわき枝にアルミ線を沿わせる　枝に見合った太さのアルミ線を、各わき枝のつけ根の幹に沿わせて、基部の5cmほどを鉢土の中に差し込みます。次に一番下の枝（「人の枝」）の下で幹とアルミ線とをひとまとめにしてラフィアのひもで縛り、残したひもで1〜2cmの間隔をあけながら、枝とアルミ線を固定するような形で枝先へと巻いていきます。枝先から3cmほど手前で巻くのを止め、巻き終わりは枝とアルミ線との間に挟んでおきます。

巻き終わったら枝を引き下げる　次に左手の親指、人さし指、中指で、三枝の分岐している部分をしっかり押さえ、右手の親指と人さし指で曲げようとする「人の枝」のつけ根をつまみ、両手の指を押しつけ、前方にひねるようにしながら下へ下げます。

❻ もし、枝元が裂けたときは、木工用接着剤で傷口を留めておくとよい

❼ 鉢の縁に仮支柱を立てて、枝に沿わせたアルミ線の先の部分を巻きつけておく

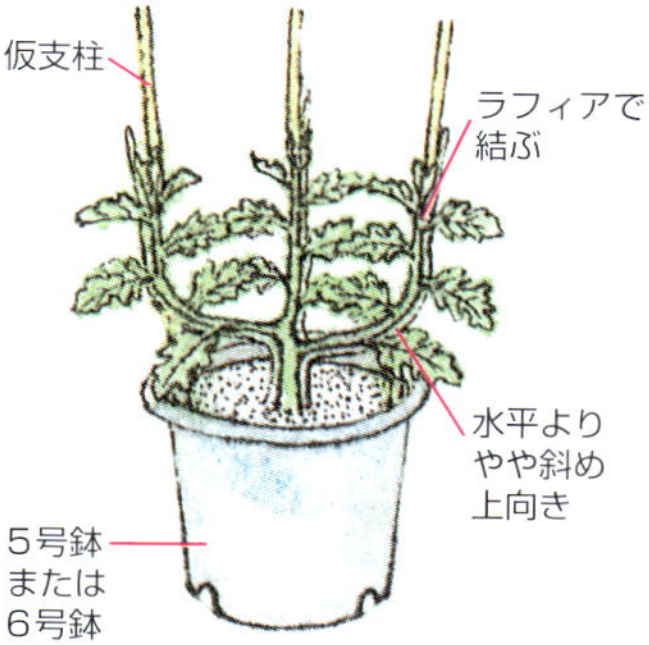

次いでその上の「地の枝」、そして一番上の「天の枝」と、同じ作業を繰り返して曲づけを終わります。

仮支柱を立てる　3本の枝の整姿が終わったら、仮支柱を立てて、各枝を水平よりやや斜め上の位置で、しっかり固定しておきます。仮支柱を立てずにほうっておくと、作業中に衣類に引っかけたり、強風にあおられたりして、せっかく苦労して曲げた枝を折ってしまうことがよくあります。必ず仮支柱を立てるようにしてください。

こうしておいて通常の管理をすれば、2～3日でひとりでに芽先が立ち上がってきます。立ち上がった芽先が5㎝ぐらい伸びたころ、整姿のときに巻いたラフィアをほどいて背負わせていたアルミ線も取り除き、再び仮支柱に固定しておきます。

●極短幹種、短幹種は本鉢へ定植

中鉢で育ててきた株が順調に育ち、鉢底から白い根が見え始めたものから本鉢へ定植します。品種により、生育にはかなりの早い遅いがありますから、中鉢に植えてから何日という目安はいえませんが、4月10日前後にさし芽をした極短幹種では、6月下旬になると定植の時期を迎えます。

定植の仕方については、7月の管理・作業を参照してください。

ダルマづくり

6月10日から20日ごろにかけて、ダルマづくりをするためのさし芽を行います。短幹種は早く、中幹種は遅くさします。この時期より早すぎると、短幹種のなかには柳芽が出て花期が遅くなり、大きな花も望めなくなります。逆にさし芽の時期が遅れると、栄養成長をする期間が短くなるため、満足な花が咲きません。

さし芽を行う10日前に、液体肥料を打ち切ります。さし穂に肥料分が残っていると、さし芽をしたあとに腐ってしまうことがあるので、必ず10日前には中止してください。その後は水やりだけをして通常の管理をします。

●矮化剤による処理

さし芽をする前日に、矮化剤（例・Bナイン500倍液）を芽先から5㎝ぐらい下まで散布しておきます。

●さし芽の仕方

さし芽の方法は三本仕立ての場合と同様です（38～39ページのプロセス写真を参照のこと）。さし芽後2～3週間ほどたって発根したら、これも三本仕立てと同じ要領で、4号鉢（径12㎝）に鉢上げします。

6月

福助づくり

●さし穂の養成

ダルマづくりのさし穂をとったあとの親株は、各枝とも本葉5～6枚を残して芽切りをし、今度は7月に行う福助づくりのためのさし穂を養成します。

ダルマづくりのさし芽作業が終わったところ。さし芽の仕方は、三本仕立ての場合とまったく同じ

7月

梅雨が明けると、いよいよ真夏。キクの成長はますますおう盛になりますが、気温が高くなる日中だけは、40％ほどの遮光をしてやりましょう。整姿の済んだ三本仕立ての苗は、大鉢に定植する時期です。ダルマづくりの苗は摘心を行い、わき芽の発生を促します。今月は、福助づくりのさし芽を行う適期でもあります。

今月の株の状態

整姿をし終わった三本仕立ての苗は、しっかりと根を張り、三枝がすくすくと成長して、大鉢への定植の時期を迎えます。

ダルマづくりの苗は、ポットのさし穂が活着し5㎝ぐらいに伸びたころに摘心を行い、わき枝の発生を促します。

また、これまで親株を養成してきた福助づくりは、今月がさし芽の適期です。

中旬を過ぎて梅雨が明けると、高温乾燥の季節となります。日中の日よけ、水やり、肥料や

福助づくりのさし芽を終えた状態

りといった日常管理のほか、ハダニの防除にも細心の注意が必要です。

今月の管理・作業

置き場　朝日がよく当たり、西日が避けられて、風通しはよいものの、強い風にはさらされないような場所が理想的です。コンクリートの床面などに直接置くと、反射熱で株を傷めやすいので、必ず低い栽培棚をつくり、その上で管理します。

日光は大切なのですが、梅雨の間、曇り空のもと、比較的涼しく過ごしてきただけに、梅雨明け後の猛暑・高温はさすがにこたえます。そこで、これから8月いっぱいまでは、晴天の日の午前11時ごろから午後3時ぐらいまで、40％の遮光材などを張って、強光線から保護してやりましょう。

水やり　6月に準じ、鉢土の表面がよく乾くのを待って、できるだけ朝のうちに与えるようにします。特に大鉢に定植してから1週間ほどは、中鉢のときの根鉢の部分にだけ水を与える程度とし、根が張り出すにつれて徐々に周囲にも与える範囲を広げていき、水量をふやすようにします。

肥料　盛んに生育する時期なので、定植してから半月ほどしたら追肥を施します。乾燥肥料50gほどを三等分し、鉢の3か所に置き肥して2cmほど増し土をします。これを止め肥として、以後は液体肥料（8月中旬まではN-P-K＝5-5-5の500倍液を7～10日に1回、9月中旬からはN-P-K＝2-8-12の1000倍液を10日に1回）に切り替えます。

病害虫の防除　6月に準じ、週1回は必ず薬剤散布を行いましょう。殺ダニ剤は、同じ薬剤を続けて使用するとダニに抵抗性がつくので、1～2回ごとに異なる製剤のものに替える必要があります。

●本鉢への植えつけ（定植）

中鉢の鉢底から白い根が見え始め、曲づけした三枝の高さが20㎝ほどに伸びてきたものから順次本鉢への植えつけ（定植）を始めます。

本鉢の大きさは、厚物、厚走りは10号鉢（径30㎝）、太管、大摑みと一文字は、9号鉢（径27㎝）に、間管、細管、針管は8号鉢（径24㎝）を使用します。

植えつけを行う前日に、1000倍に薄めた尿素水に浸しておくと鉢から抜きやすく、また、植え替えによる植え傷みも少なくてすむようです。

まず、鉢底の底穴を防虫網でふさぎ、大きめのゴロ土かヤシ殻チップ（大粒）を敷いて排水層をつくり、ここに中鉢用土よりも粗めの培養土を鉢の1/3ぐらいまで入れて、軽く詰め込んでおきます。

高さの調節　三本仕立て盆養は、決まり事があり、三枝の曲がり角と鉢縁の間隔を決められた高さにそろえなくてはいけないので、下に入れる培養土で高さの調節をする必要があります。一番下の「人の枝」が鉢縁から8～10㎝ぐらいの高さになるようにします。そのためには、分岐点が高いものは深く植え、逆に分岐点が低いものは浅く植えなければいけません。

元肥の施し方と植えつけ方　元肥として乾燥肥料100gぐらいを3か所に分けて置き肥し、この上に根が直接肥料に触れないよう、無肥料の培養土を厚さ2㎝ぐらい入れます。やや中高に培養土を入れたら、中鉢から抜き取った株を鉢の中央に据えます。このとき、三枝が、本鉢の3か所にある支柱留めの穴の上にくるように据えることが大切です。周囲の空間に無肥料の培養土を、鉢縁から8㎝ぐらい下の位置まで入れて、指で軽く詰め込みます。

次に乾燥肥料50gを三等分して、鉢の3か所に置き肥しておきます。

支柱立てと三枝の誘引　植え終わったら、本支柱を鉢の底まで差し込み、針金で鉢に固定します。次に最も高い枝（「天の枝」）を後方に、「地の枝」、「人の枝」が手前にくるように位置取りをして、前から見て3本の支柱が、それぞれ幹で隠れるように幹を支柱に結わえつけます。

ダルマづくり

●さし芽苗の管理

置き場　日当たりと風通しがよく、強風と西日が避けられるような棚の上で管理します。

水やり　三本仕立てのさし芽後の管理（4月の項）に準じます。水を与えすぎると根はよく生育しません。鉢土の表面がよく乾くのを待って朝のうちに与えます。

肥料　発根するまで施しません。さし芽後2～3週間過ぎてポット内で発根を確認したら、1000倍に薄めた液体肥料（N-P-K＝9-6-5）を施します。

病害虫の防除　三本仕立てに準じます。

摘心　ダルマづくりの場合も三本仕立てにするため（草丈は低い）、さし芽をした苗が5～6㎝に伸びたものから順次摘心をし、わき芽の発生を促します。

矮化剤の処理　摘心と同時に矮化剤（例・Bナイン500倍液）を、芽先を中心に5㎝ぐらい下までまんべんなく散布しておきます。

鉢上げ　ポットの底穴から白い根が伸び出るようになったものから、順次4号鉢（径12㎝）に

7月

三本仕立ての定植

❶ 根がよく回り、三枝が20㎝ほど伸びたら本鉢に定植する

❷ 鉢底に防虫網を置いてからヤシ殻チップ（大粒）を敷く

❸ 培養土を入れ、元肥として乾燥肥料を3か所に入れる

❹ その上に培養土を入れ、こぶしでよく押さえておく

❺ さらに培養土を、やや中高になるように入れる

❻ 根が回った中鉢から、株を抜き取る

❼ 中鉢から抜き取った株の根鉢の状態

❽ 鉢縁から枝下までこぶし1つの高さを目安に植え込む

❾

最後に乾燥肥料を大さじ1杯ずつ3か所に置き肥する

❿

枝の分岐点が高い場合は深植え

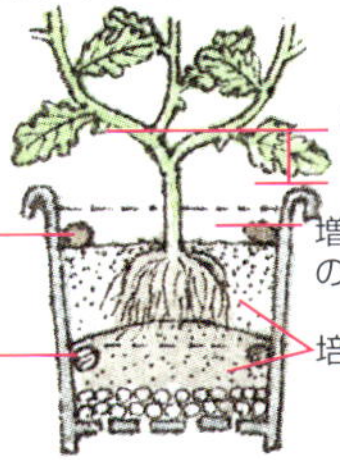
8cm以上
10cm以下
置き肥
増し土と追肥のスペース
元肥
培養土

⓫

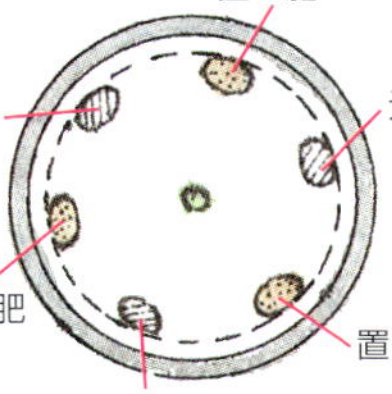
置き肥
元肥
元肥
置き肥
置き肥
元肥

培養土に入れた元肥と、置き肥する位置はずらすこと

⓬

留めていたラフィアを切り、仮支柱を外す

⓭

支柱を立てたら、三枝が支柱を隠すように誘引する

⓮

必要な個所には仮支柱を添え、枝の曲がりを矯正する

⓯

三枝を支柱に結わえて定植作業完了

ダルマづくりの鉢上げ

鉢（４号鉢）上げ用の培養土。中鉢用よりやや小粒

４号駄温鉢の底に防虫網を敷き、ゴロ土を入れる

ポットの底穴から指で押し出すようにして株を抜く

ポットから抜き取ったさし芽苗の根鉢の状態

用意した培養土で鉢の中央に植え込む（鉢が小さいので、元肥は不要）

培養土をしっかり押さえ、根を落ち着かせる。これで鉢上げ作業は完了

１週間ぐらいあとに、乾燥肥料を小さじ１杯ずつ、３か所に置き肥する

植え替えます。植え替えの仕方は60ページを参照してください。
4号鉢に植え替えて1週間ほどたったら、乾燥肥料を小さじ1杯ずつ、鉢の3か所に置き肥します。さらに週1回、液体肥料（例・4号仕立て鉢の間はN-P-K＝9-6-5の1000倍液、本鉢に植えてからはN-P-K＝5-5-5の500倍液）を、8月中旬まで水やり代わりに施します。

福助づくり

●親株の管理

置き場　三本仕立てやダルマづくりに準じます。

水やり　6月に芽切りをした直後は、あまり水を欲しがりませんが、残した葉の葉腋から新芽が伸び出てくると、乾きも早くなります。鉢土の表面が白く乾くのを待って、たっぷりと水やりをします。

肥料　養成中の親株には週1回、液体肥料を施してきましたが、さし芽を行う10日前に、この液体肥料の追肥は中止します。肥料分が残っていると、さし芽をしてから、さし穂が腐ることがあるので注意します。

病害虫の防除　三本仕立てに準じます。

●矮化剤の散布

さし芽をする前日に、矮化剤（例・Bナイン500倍液）を芽先から5cmぐらい下まで、まんべんなく散布しておきます。さし芽苗が徒長するのを防ぎ、節間を短く育てるのが目的です。

●さし芽と本鉢への植えつけ（定植）

さし芽　福助づくりのさし芽は、7月10日から20日の間に行います。短幹種は早く、中幹種は遅く（20日近く）にさします。やはりポットざしがよく、さし方は三本仕立てやダルマづくりと同様なのですが、福助づくりの場合は2号

7月

福助づくりのさし芽

用意するもの

A さし芽用土（37ページ参照）**B**ヤシ殻チップ（小粒）**C** 2 号ポット

ポットの底に、ゴロ土代わりのヤシ殻チップを入れる（防虫網は不要）

その上に用意しておいたさし芽用土を入れる

さし芽用土は、このぐらい山盛りに入れておく

ウォータースペースが5mmぐらいできる程度に用土を指で詰め込む

さし床の準備ができたら、水やりをして2週間ほど土をなじませておく

まずさし床の中央部に深さ２～３cmの穴をあける

用意したさし床全部に、前もって穴をあけておくと、その後の作業が楽

調整して水あげをしたさし穂の切り口に発根促進剤を塗布する

準備しておいたさし床の穴に、次々とさし穂をさし込んでいく

さし終わったものから、根元を指で押さえ、さし穂を土になじませる

忘れずにラベルを立てて作業完了。水は翌日の朝にたっぷり与える

5号（径15cm）の本鉢に定植した福助づくりの株（左の品種は管物、右は厚物）

（径6㎝）ポットにさします。

定植　福助づくりの場合は、鉢上げが即、定植です。さし芽をして2〜3週間ほどたち、ポットの底から白い根が見えてきたものから、順次5号（径15㎝）の本鉢に定植します。植えつけるときは、9月に入ってから増し土できるスペースを残しておくことが大切です。これを忘れると、開花の時期を迎えたころに根詰まりしてしまい、大きく立派な花は望めません。

定植は、遅くとも8月10日ごろまでには済ませるようにしましょう。

●さし芽苗の定植後の管理

置き場　三本仕立て、ダルマづくりに準じます。

水やり　過湿に注意するのは、三本仕立てやダルマづくりの苗の管理と同様です。

肥料　元肥は使わず、置き肥で育てます。乾燥肥料を用いる場合は、中さじ1杯ずつ、鉢の3

か所に置き肥します。錠剤の緩効性化成肥料を用いる場合は、同様に中粒1錠ずつを3か所に置き肥します。

次は20日ぐらい過ぎて、茎や根の活動が活発になったころ、乾燥肥料を中さじ1杯ずつ、または錠剤の緩効性化成肥料の中粒1錠ずつを鉢の3か所に置き肥します。

●支柱立て

茎が10cmぐらいに伸びたころ、風にあおられて折れたりすることがないよう、福助づくり専用の支柱を立てます。立てた支柱に茎を誘引し、以後成長に合わせて5cmぐらいの間隔で結わえていきます。

●さし芽後の矮化剤の散布

福助づくりは文字どおり、正座している福助人形のような頭部の大きな姿に育てる仕立て方です。草丈は鉢底から花首の下までわずか40cm、5号の鉢は茂った下葉で隠れ、鉢よりもはるかに大きな花を咲かせるところに、この仕立て方のおもしろさがあります。

そこで、茎が10cmぐらいに伸びたころ、矮化剤（例・Bナイン300倍液）を散布します。その後、20日ぐらい過ぎたら、もう1回散布します。

本鉢に定植し、茎が20cmぐらいに伸びたころ、スプレーで矮化剤を散布する

8月

1年で最も暑い季節です。水やりは気温が上がらない朝のうちに済ませましょう。三本仕立てでは、出てくる柳芽を適切に処理してください。花芽分化が始まるので、中旬になったら液体肥料をいったん打ち切ります。ダルマづくりは整姿と定植の時期。福助づくりも10日ごろまでに鉢上げを終えていなければいけません。

8月初旬の三本仕立て

今月の株の状態

大鉢に定植された三本仕立ての苗は勢いよく生育し始めます。また、今月に入ると、品種によって枝先に「柳芽」が発生しますから、見つけしだい摘み取ります。早咲き品種では下旬に蕾が出てきます。

ダルマづくりは整姿、曲づけ、そして本鉢への定植を行う適期となります。福助づくりでは、発根が遅かったものも、10日ぐらいまでには鉢上げを完了させます。

今月の管理・作業

置き場　7月に準じます。

水やり　大鉢に定植してからも、中鉢のときと同様に1日1回ですが、この時期の太陽は強烈です。9時以降に水を与えたりすると、鉢の中に残った水がお湯のように熱くなり、根傷みを起こしがちです。できるだけ、気温があまり上がらない朝のうち（6〜8時）に済ませるようにしましょう。

肥料　2回目の追肥（置き肥）をしたあとは、液体肥料に切り替えていましたが、これも花芽分化が始まる8月中旬から9月中旬まで、いったん打ち切ります。

病害虫の防除　7月に準じます。

●柳芽の処理

キクは短日性の植物です。1日の日照時間が13時間以下になり、加えて夜間の気温が15℃以

柳芽の処理

❶ 曇天が続くと8月のうちに柳芽が出ることがある

❷ この時期に出る柳芽は、ほうっておいてはよくない

❸ 中心の柳芽は切除し、右下のわき枝を立て替える

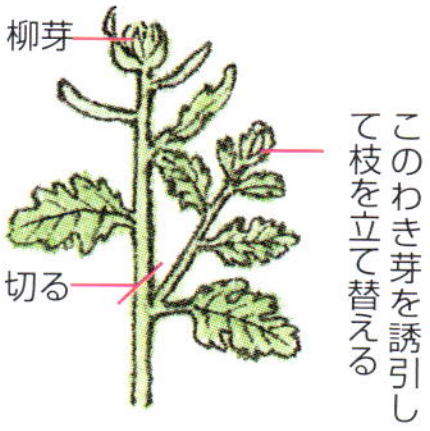

短・中幹種は柳芽の出る品種が多く、さし芽時期が早いほど発生率が高い

8月

三枝の高さの調整

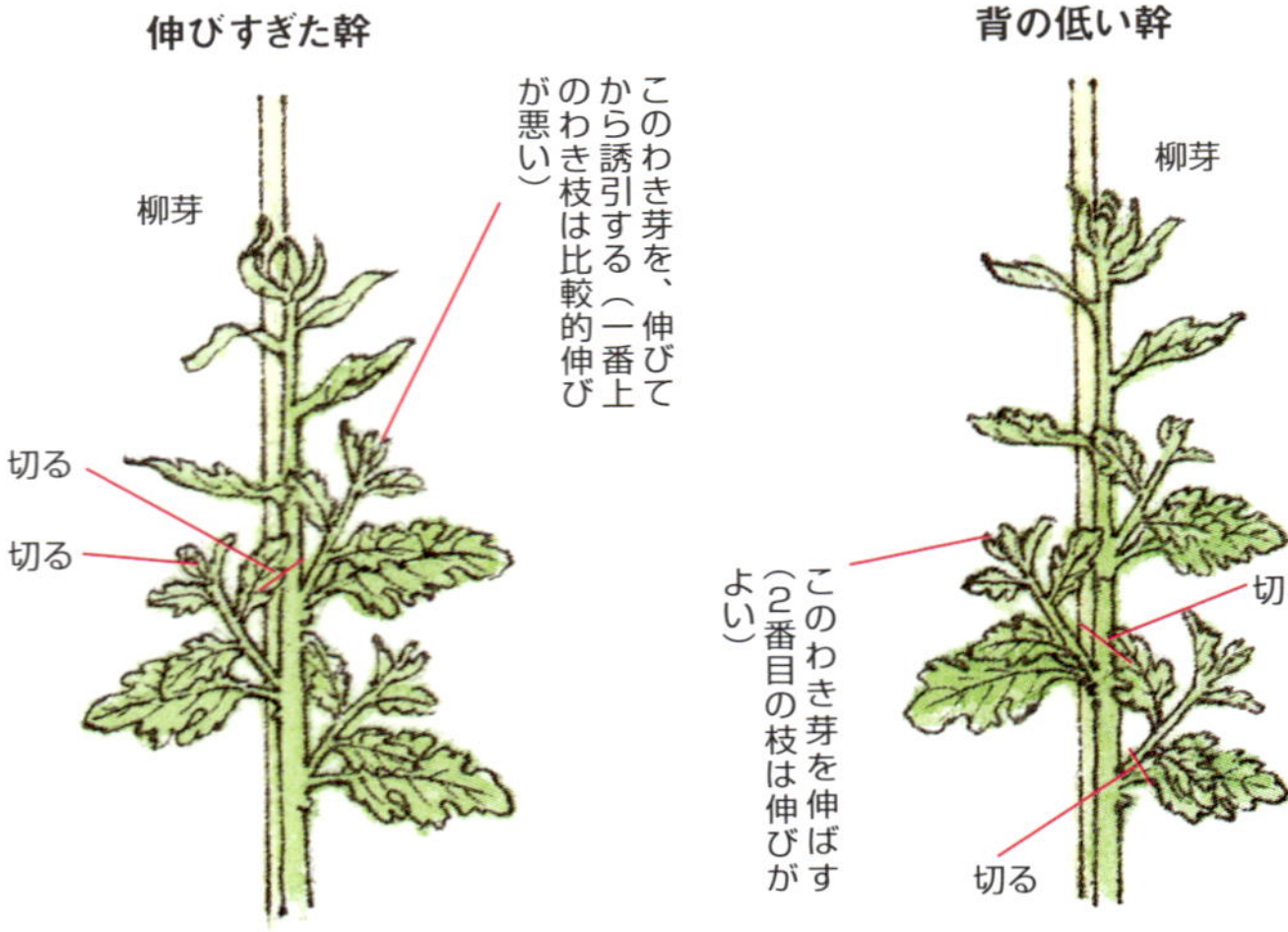
伸びすぎた幹
柳芽
このわき芽を、伸びてから誘引する（一番上のわき枝は比較的伸びが悪い）
切る
切る
背の低い幹
柳芽
このわき芽を伸ばす（2番目の枝は伸びがよい）
切る
切る

下になると、枝先に花芽分化が始まります。そこで、8月上旬から中旬に雨の日や曇りの日が数日続くと、よく成長した株の茎先に、ヤナギの葉に似た細い葉が出て、中心に蕾のようなものが見えてくることがあります。これを「柳芽」と呼んでいます。

柳芽は、品種によって出やすいものと出にくいものがあり、一度ならず、二度も三度も出る場合もあり、また、さし芽の時期が早かったものほどよく出る傾向があります。

いずれにせよ、7月から8月に出る柳芽は不完全な花芽なのでほとんど開花しませんし、咲いても変形花となるので、早めにつけ根から摘み取ります。

●わき枝の誘引

柳芽を摘み取ると、数本のわき枝が発生します。このなかで太さと高さのそろった枝を支柱

わき枝の誘引

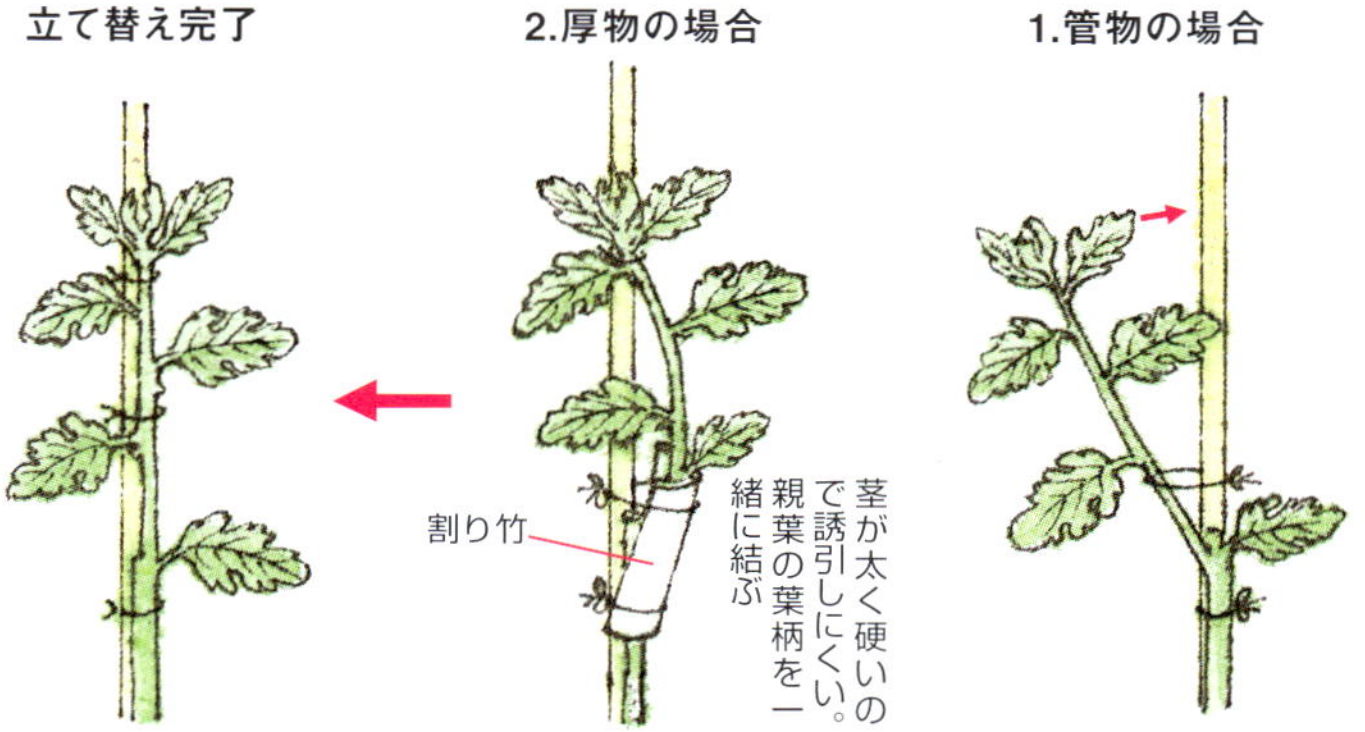

立て替え完了
2.厚物の場合
1.管物の場合
割り竹
茎が太く硬いので誘引しにくい。親葉の葉柄を一緒に結ぶ

切り戻した切り口が、支柱に隠れるように誘引すること

1．2．とも初めは軽く結び、2～3日かけて少しずつ起こして結び直して直立させる

わき枝の誘引は枝を折らないように数回に分けて行う

に誘引して育てていきます。

3本の幹の高さの調整　1本の幹に柳芽が発生し、これを摘み取ってわき枝を出させても、柳芽が出てないほかの2本の幹との高さを調整するのが難しくなってしまいます。そこで、1本の幹に柳芽が出たときは、

支柱は茎の伸長とともに、上に伸ばすことができる

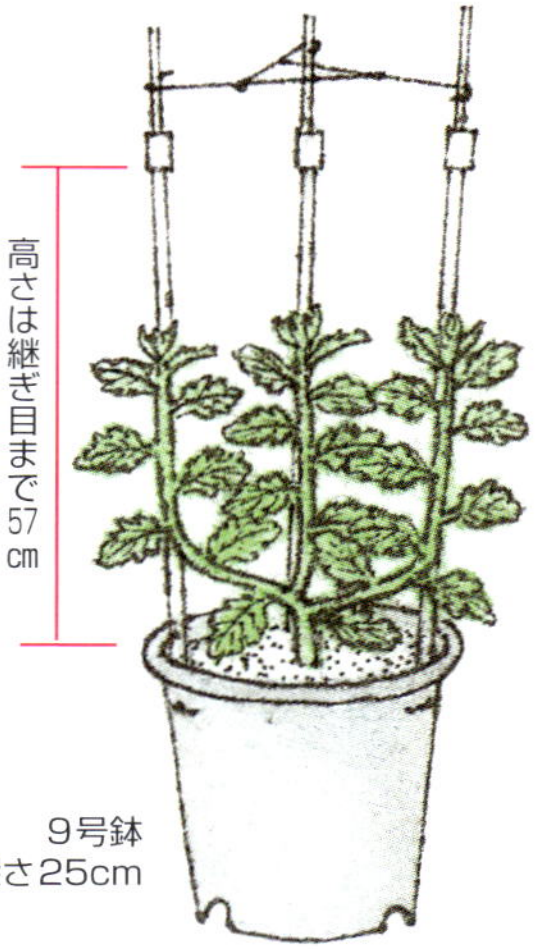

高さは継ぎ目まで57cm
9号鉢
深さ25cm

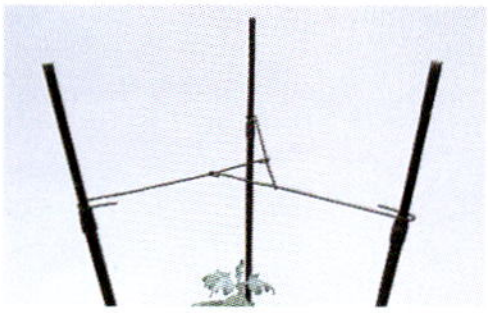

幹が支柱の継ぎ目ぐらいまで伸びたころに、インバイドの取りつけを行う

その柳芽を処理すると同時に、ほかの2本の幹の芽先も摘心しましょう。そのほうが三枝の高さをそろえやすいからです。

柳芽を処理したあとに出てくるわき枝は、最上位の枝の伸びは比較的悪く、上から2番目の枝のほうが伸びがよい性質があります。その性質を利用し、伸びすぎている幹は一番上のわき枝を残し、低すぎる幹は上のわき枝は切り取り、2番目のわき枝を残して支柱に誘引します。

管物のように枝の柔らかいものは、1回の作業で簡単に支柱に誘引できます。少し硬い程度の枝は、葉柄と一緒に2か所を結わえればうまくいきます。

しかし、太くて硬い枝は簡単には支柱に沿ってくれません。一気に誘引しようとすると、つけ根のところで折れてしまいます。そこでこうした枝は、時間をかけて毎日少しずつ支柱に近づけます（69ページの図参照）。

支柱に沿わせたわき枝が長さ15㎝ぐらいに伸びて2か所ほど結わえたのち、予備のわき枝を1本残して、あとは切り取ります。

下方のわき芽は、下旬まで残す　下のほうからも盛んにわき芽が伸びてきますが、葉、茎、根を丈夫にするために下旬までそのままにしておきます。こうしておくと、多少肥料を施しすぎた場合も、肥料あたりしにくいものです。下旬から9月にかけて、残しておいたわき枝を1日に2～3本ずつていねいにハサミで切り取ります。一度に多くを切り取ると、生理障害を起こすことがあるので、急いではいけません。

こうして切り取ったわき枝は、さし芽をして発根したら摘心し、わき芽、冬至芽の発生を促し、来年の親株として利用します。

ダルマづくり

●株の管理

置き場　酷暑の時期です。できるだけ風通しのよい涼しい場所で過ごさせましょう。西日が当たるような場所は、日中の強い直射光線だけを40％の遮光材を使って、和らげてやるとよいでしょう（40ページ参照）。

ダルマづくり。8月初旬の状態（7号の仕立て鉢で生育中）

水やり　この時期は、水を与えすぎると根腐れを起こします。昼間しおれるようであっても、夕方になって立ち直るようであれば、翌朝まで待ってたっぷりと水やりします。どうしても心配な方は霧吹きで葉水だけかけてください。

ただし、鉢には水を与えなくても、夕方に栽培棚の周囲に水をまいておくと、気化熱を奪われることで周囲の夜温を下げる効果はあります。

肥料　8月中旬になったら、7月の定植以降、週1回施していた液体肥料をいったん打ち切ります。

病害虫の防除　三本仕立てに準じます。

●本鉢への植えつけ（定植）

7月に行った摘心のあと、3本の芽がそろって出た株で、4号（径12㎝）仕立て鉢の鉢底から白い根が見えてきたものから、順次7号（径21㎝）の本鉢に定植します。3本の芽がそろっていないものは使いません。

植えつけ方　三本仕立ての場合と同様です。防虫網を敷いた上に、ヤシ殻チップまたはゴロ土を2〜3層入れます。次に培養土を鉢の高さの1/3まで入れたところで、元肥として乾燥肥料中さじ1杯ずつを3か所に入れ、根が直接肥料に触れないよう、無肥料の培養土を中高に盛って

ダルマづくりの定植

根が直接肥料に触れないよう、
無肥料の培養土を中高に盛り、
手のひらで軽く押しつける

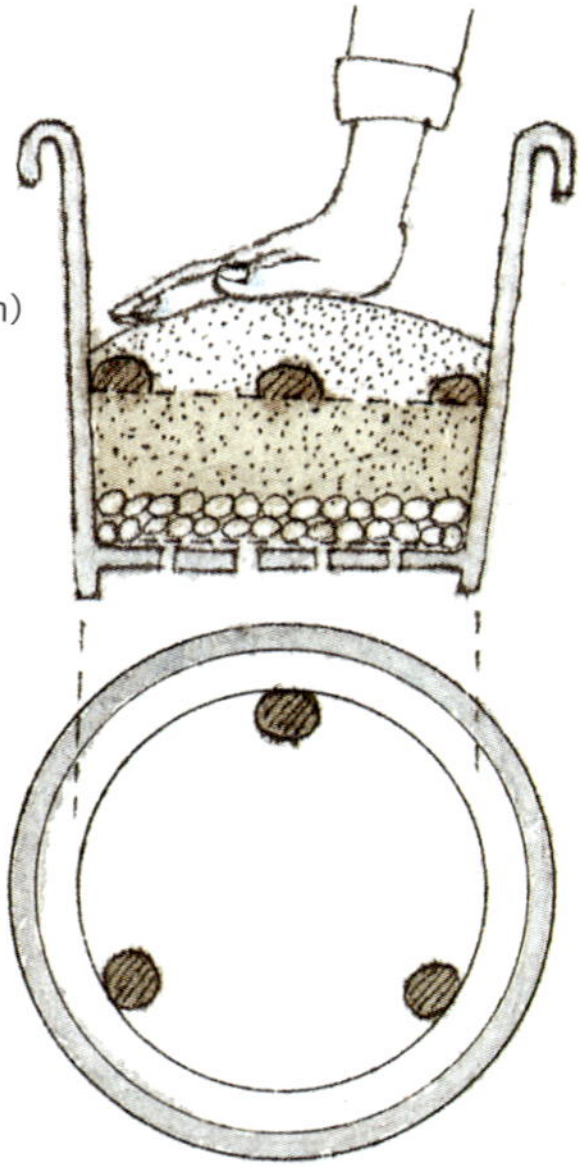
7号鉢
(径21cm)

元肥
乾燥肥料を中さじ１杯ず
つ3か所に

整姿・曲づけ後の「人
の枝」が3cmほどの高
さとなるよう、下の培
養土で調節する

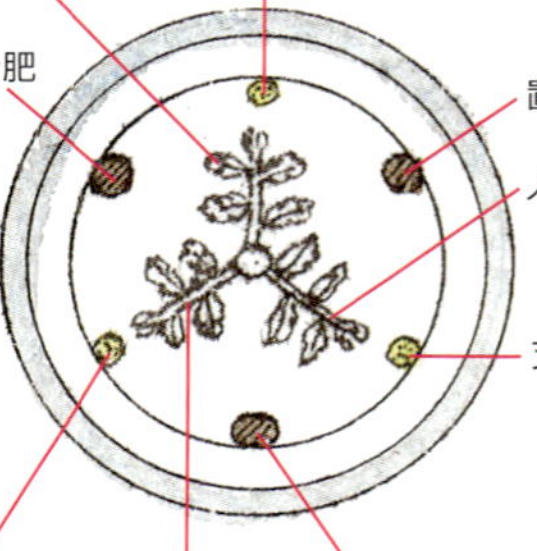
天の枝
支柱
置き肥
置き肥
人の枝
支柱
支柱
地の枝
置き肥

３本の支柱が立つ方向
にそれぞれの枝が向く
ように位置決めをす
る。置き肥は、元肥を
入れた位置からずらし
て施す

手のひらで軽く押しつけます。

この上に仕立て鉢から抜いた株を据えますが、枝の方向に注意しなければいけません。鉢の周囲に支柱を立てるための穴があけてあります。その穴に、「天、地、人」の各枝の向きを合わせておくことが大切です。

また、高さですが、ダルマづくりは丈が低いため、一番下の「人の枝」が鉢縁からあまり高いと見苦しくなります。鉢縁から3㎝ぐらい高くなるように、下に盛る培養土の量で調節してください。向きと高さが決まったら周囲から培養土を入れ、軽く押し込んでおきます。

最後に乾燥肥料中さじ1杯ずつを、3か所、鉢の周囲に沿って置き肥します。

用土の中に入れる肥料も、置き肥にする肥料も、乾燥肥料に代えて錠剤の緩効性化成肥料を使用してもかまいません。この場合は、中さじ1杯の乾燥肥料を錠剤1錠に置き換えて施すようにします（用土の中に3錠、置き肥に3錠）。

●整姿・曲づけ

3本のわき枝が長さ8㎝ほどに伸びたころに曲づけをします。曲づけの仕方は三本仕立てに準じます（49ページ参照）。

●支柱立て

曲づけが終わったら、ダルマづくり専用の支柱を立てて、鉢縁から3㎝ぐらい高い位置に茎

7号の本鉢に定植し、曲づけ、誘引が済んで三枝が伸び始めたダルマづくりの株

8月

を誘引して結わえておきます。2～3日たつと芽先が立ち上がってきます。

●矮化剤の処理

茎が立ち上がりから高さ5cmぐらいに伸びたころ、矮化剤（例・Bナイン300倍液）を枝先部に散布します。この時期に矮化剤を使用すると節間が短く詰まるだけでなく、鉢縁にある下葉が大きく育ち、茎も太ります。

●シェードを行う場合は

ダルマづくりや福助づくりはさし芽の時期が遅いため、三本仕立てに比べ開花が遅れます。家庭で花を楽しむだけなら、開花が遅れても少しもかまわないのですが、品評会などに出品するような場合はシェード処理をして花芽の分化を早める必要があります。

キクの種類によっても差がありますが、開花の70日くらい前からシェード（光量制限）処理を開始します。一般的には8月23日ごろから9月の7日ごろまで、夕方の4時から翌朝8時までの間、キクを暗室内に入れてやります。場所がない場合は、内側が黒い三角帽子を3本の幹の芽先にかぶせるだけでシェードの効果があります。

福助づくり

●株の管理

置き場　ダルマづくりに準じます。

水やり　ダルマづくりに準じます。

肥料　もう置き肥は施しません。7月に施した置き肥の効き具合を見ながら、週1回ぐらいの割で液体肥料（例・N-P-K=5-5-5の500倍液）を、8月20日ごろまで施します。

病害虫の防除　三本仕立てに準じます。

●増し土

高さ20㎝ぐらいに伸びたころ、1回目の増し土をします。

●シェード処理

品評会に出品するような場合は、ダルマづくりと同じ要領でシェード処理をすると開花を早めることができます。

8月初旬の福助づくり

万全を期したい台風対策

8月も中旬を過ぎると、台風シーズンとなります。台風の多い少ないは、その年によっても異なりますが、この時期から10月までは十分な注意が必要です。せっかく整姿も済んで順調に伸びてきたキクにとって台風の暴風雨は最悪です。ここまで育てて枝を折られてしまっては泣くに泣けません。

台風情報には十分に注意を払い、できれば早めに堅牢なガラス温室や玄関、廊下など、室内に取り込んでやりましょう。どうしても屋内に取り込むスペースがない場合は、雨がたまらないような場所を選んで、あらかじめ鉢を風上に向けて倒し、ひもで結わえて動かないようにしておきます。風が弱まったら早めに起こし、葉や茎についた塩気や土をホースにつけたシャワーの水で洗い落とします。

雨台風の場合は、鉢底が水に浸らないよう注意しましょう。鉢底が水たまりにつかってしまうと、半日ほどで根腐れを起こしてしまいます。

8月

9月

根の状態を見ながら増し土を行います。本蕾が出てくるので、左上写真のように丸く形のよい蕾を残すようにします。蕾が出てきたら、いびつな蕾に育つのを防ぐための鉢回しを怠らないこと。病害虫の防除に努めるほか、台風シーズンでもあるので、キクの取り込み場所をあらかじめチェックしておきましょう。

9月に入ると、厚物系に始まって次々と蕾が出そろう

今月の株の状態

9月に入ると、いよいよ蕾が出てきます（早咲き品種は8月下旬）。8月中旬から中断していた液体肥料の追肥を、今月中旬から再開しますが、これからはリン酸、カリを主体とした肥料に切り替えます。

また、順調に生育している株は、鉢内いっぱいに根を張って、用土の上面近くまで新しい根が伸びてきます。増し土をして、この上根を十分に発達させることが、大きなよい花を咲かせることにつながります。

今月の管理・作業

置き場　8月に準じますが、梅雨明けから続けてきた日よけは中止し、一日中、十分に日光に当てます。鉢の表面にもよく日が当たるよう、鉢と鉢との間隔も広げてやりましょう。

水やり　ほとんどの蕾が出そろいます。この時期のキクは、昔から「キクは水で咲かせろ」という言葉があるくらい水を欲しがります。夏の間は水を与えすぎると根腐れを起こす心配がありましたが、この時期になれば、多少多く与えても根腐れは起こしません。朝夕たっぷりと水やりをしてください。特に着蕾後に水切れを起こさせると、よい花は咲きません。

肥料　9月中旬からは、根を丈夫にし、茎を太らせ、花を大きく咲かせるために、リン酸、カリを主体とした花肥専用の液体肥料（例・N-P-K=2-8-12）に切り替え、10日に1回ぐらい10月中旬ごろまで施します。

病害虫の防除　この時期の薬剤散布を怠ると、これまで葉裏にひそんでいたアブラムシやハダニが、咲いた花の中に入り込み、また、葉には白さび病が大発生して、せっかく1年間苦労を重ねて育ててきたキクが、見るも無惨な姿になってしまいます。茎、葉裏、蕾にいたるまで、入念な薬剤散布（殺虫剤、殺ダニ剤、殺菌剤）をしておきましょう。

●最後の増し土

追肥や水やりで、表土はかなり乱れてきています。また表面近くまで上根が張り出してきますから、今月の5日ごろまでに最後の増し土をします。根詰まりを防いで上根の生育をよくする目的のほか、土の表面を美しく整えるという観賞上の意味もあります。そこで、この最後の増し土は化粧土ともいわれます。多くの人たちに見られても見苦しくないよう、粒の小さいきれいな培養土を使って、鉢縁から3cmぐらい下のところまで入れておきます。

●蕾の種類

柳芽を摘み取ったあとに出てくる蕾を「本蕾」といいます（柳芽が出ずに、初めから本蕾が出ることもあります）。本蕾は出てくる場所によって、「心蕾」と「わき蕾」とに分けられます。心蕾とは、幹の先端部に出てきた蕾群のうち、頂点の中心にある蕾をさします。心蕾の周囲に車座となって出ているほかの蕾をわき蕾といいます。また、幹の頂点に1個だけ早期に発生する蕾は「柳蕾」といいます。

●蕾の選択

厚物系品種は8月下旬から今月10日ごろにかけて、管物系は少し遅れて5日から15日過ぎぐらいまでに蕾が現れます。丸くよい形に育って

蕾の種類と処置

柳蕾

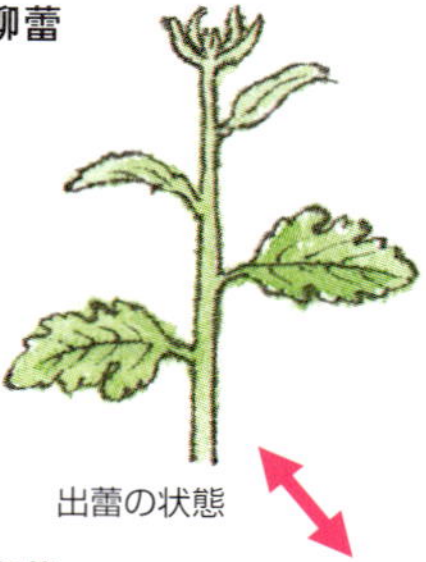

葉がヤナギのように細長く、花茎が伸び気味になる。この蕾は雄大な花が咲く

出蕾の状態

本蕾

本蕾は柳芽を切り取ったあと、わき枝に出てくる。柳芽が出ない場合もある

柳蕾

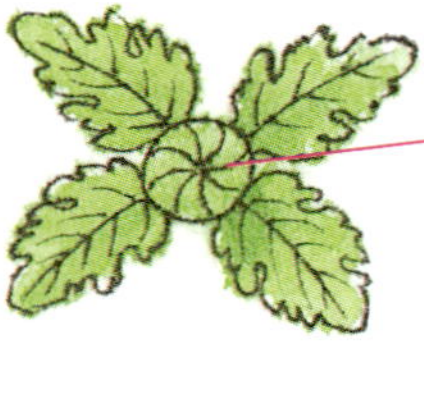

中心に1個、早期に出蕾する。この蕾は萼が堅い

中心が心蕾

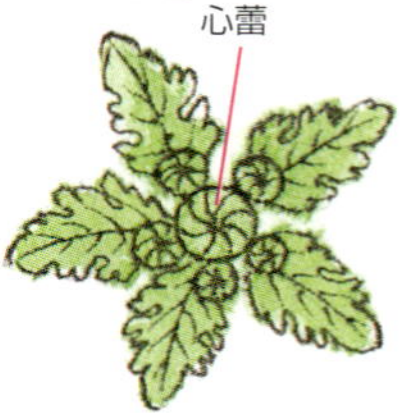

心蕾の周囲に車座にわき蕾が出る。わき蕾は1回に1～2個、2～3日間をおいて取る

いることがはっきり確認できる大きさになってから、咲かせる蕾を選ぶようにしましょう。

厚物、厚走り、大摑み、一文字の場合　心蕾または柳蕾を咲かせます。柳蕾は、三枝の蕾が適期にうまくそろって出てくれば、最も大きな花が咲きます。しかし、花茎が伸び気味で、高さや大きさがそろわないことが多いので、その場合は柳蕾を摘み取り、そのあとに出てくる蕾を咲かせるようにします。蕾がアズキ粒ほどの大きさになり、心蕾とわき蕾の区別がわかるようになったら、心蕾のほかに、心蕾に一番近く、しかも三枝とも大きさがそろったわき蕾1個を予備として残し、ほかのわき蕾は摘み取ります。心蕾が折れたり、害虫に食害されたときは、この予備のわき蕾を咲かせることになります。この場合は、三枝の花の大きさをそろえるために、残りの二枝とも心蕾を摘み取り、すべて予備と

蕾の選び方

細管、針管の蕾の選び方

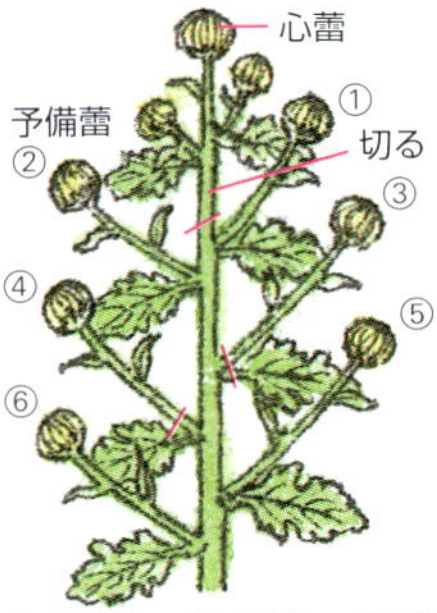

心蕾
予備蕾
①
切る
②
③
④
⑤
⑥

①を咲かせる場合、心蕾と③④を切り取る。②は予備蕾。①が七～八分咲きになるまで、⑤⑥も同時に咲かせる

太管、間管の蕾の選び方

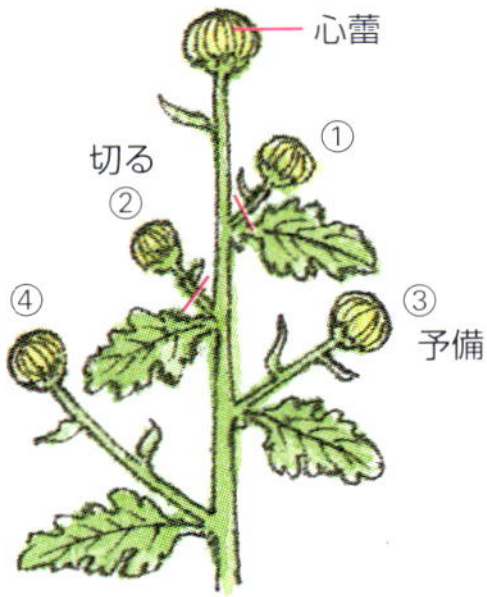

心蕾
①
切る
②
③
予備
④

心蕾で咲かせる。①②を摘み取り、③④を残して1本の幹に3花咲かせる。最終的には心蕾を咲かせる

厚物、厚走り、大摑み、一文字の蕾の選び方

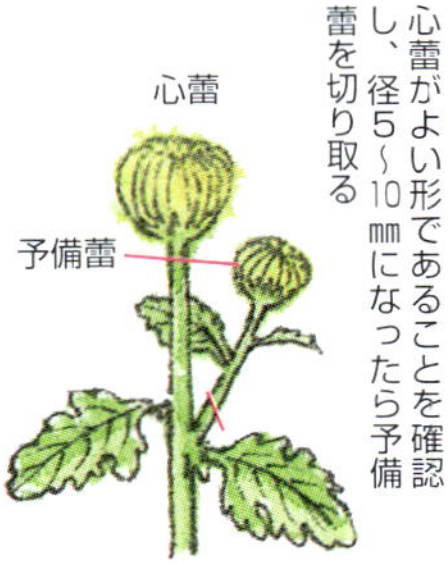

心蕾がよい形であることを確認し、径5～10㎜になったら予備蕾を切り取る
心蕾
予備蕾

三本仕立てでは、心蕾が1個でも傷んだ場合、花の大きさをそろえるために3枝とも心蕾を切り捨て、わき蕾を咲かせる

して残しておいたわき蕾を咲かせます。

心蕾が順調に育ち大豆粒ぐらいの大きさになったら、予備の蕾を切り取ります。

管物の場合　管物の場合、厚物と同じように早く1個にしてしまうと、独特の走り弁が素直に伸びず、縮れてしまうことがあります。太管、間管は心蕾を咲かせるのが一般的ですが、花が七～八分咲きになり、花弁が素直に伸びきるまで、図のように、30㎝ほど下に残した2本のわき枝の蕾も同時に咲かせ、素直に咲ききったらわき枝を切り取ります。

細管、針管は心蕾、わき蕾を切り取り、すぐ下の枝の蕾を咲かせます。このときも予備蕾のほかに30㎝ほど下のわき枝2本を残し、第一候補の蕾が七～八分咲きになるまでは同時に咲かせ、素直に咲ききったのを確認して、わき枝を切り取ります。

●三枝の高さの最後の調整

これまで、なんとか三枝の高さをうまくそろえようと努めてきましたが、9月から10月にかけて、蕾の下の花首がぐんぐん伸びて、ちぐはぐになってしまうことも、しばしばあります。短いものでも10㎝、長いものでは30㎝も伸びることがあります。

今が高さの調整をする最後のチャンスです。矮化剤（例・Bナイン200倍液）を5～10日に1回の間隔で、高すぎる幹の花首にまんべんなく塗って、伸長を抑えます。このとき、矮化剤が蕾にかかると、開花が遅れたり、いびつな花になることがあるので注意してください。

●鉢回し

蕾が出てからは、蕾がいびつに育つのを防ぐために、1週間で1回転するように、毎日少しずつ鉢を回します。この作業には、茎葉全体に日光を当て、根張りをよくする意味もあります。

ダルマづくり

●株の管理

置き場　8月に準じます。ただし、もう日よけは行いません。

水やり　三本仕立てに準じ、今月は朝夕たっぷり水を与えます。

肥料　三本仕立てに準じます。

病害虫の防除　三本仕立てに準じます。

●インバイドの取りつけ

茎の高さが20㎝ぐらいに伸びたころ、インバイドを取りつけて支柱を固定します。

●蕾の選択

蕾の状態と摘蕾

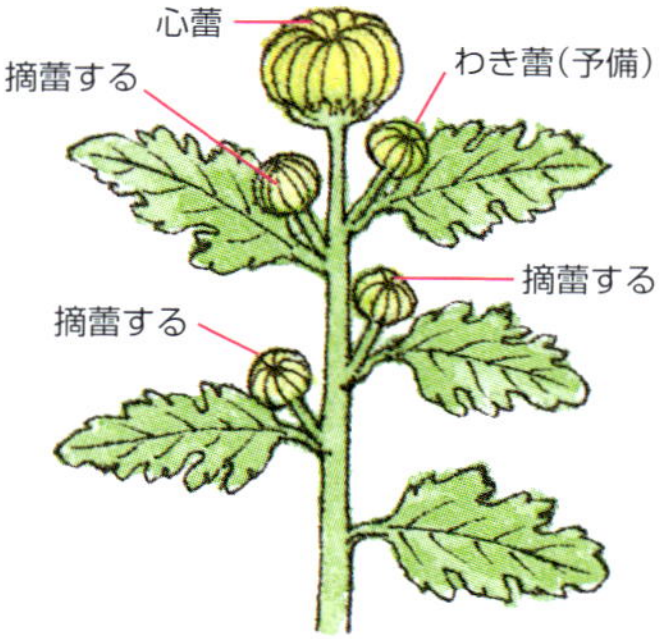
心蕾
わき蕾（予備）
摘蕾する
摘蕾する
摘蕾する

摘蕾の順序

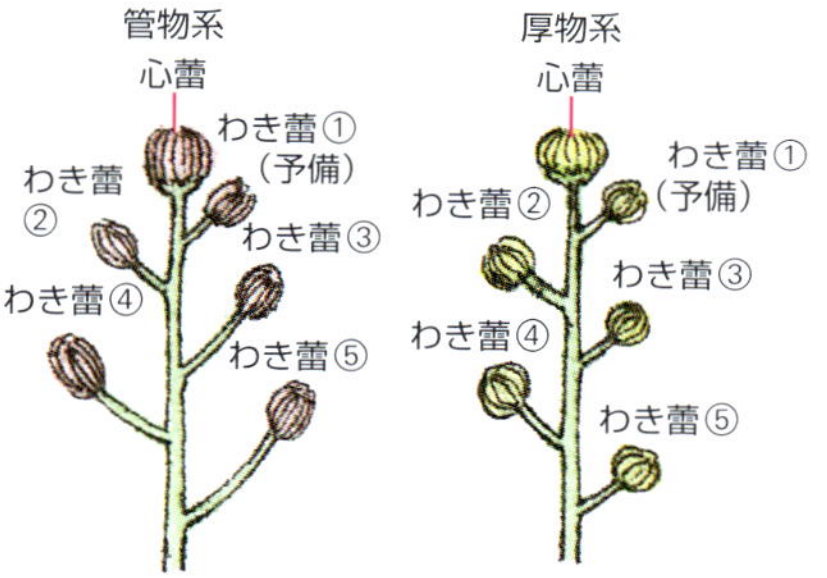
管物系
心蕾
わき蕾①（予備）
わき蕾②
わき蕾③
わき蕾④
わき蕾⑤
厚物系
心蕾
わき蕾①（予備）
わき蕾②
わき蕾③
わき蕾④
わき蕾⑤

１回目に②を取り、３～４日後に③、その３～４日後に④、１週間後に⑤を取る

１回目に②③を取り、３～４日後に④、さらに３～４日後に⑤を取る

予備蕾を取る時期の心蕾の状態

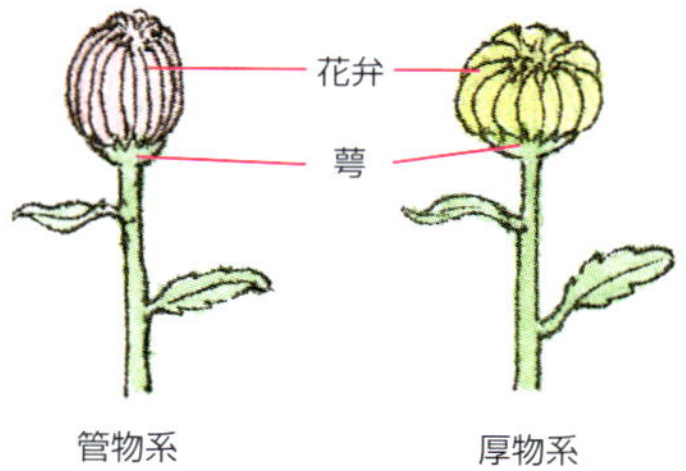
花弁
萼

管物系　　厚物系

ダルマづくりの場合は、すべて柳蕾か心蕾を咲かせます。中心の心蕾がアズキ粒大ほどの大きさになったころ、予備の蕾を1個だけ残して、ほかのわき蕾は何回かに分けて摘み取ります。

●矮化剤の処理

生育途中は、300倍か500倍の矮化剤（例・Bナイン）を使ってきましたが、花首は茎と違ってよく伸びます。これまでの倍率では効果が薄いので、100倍にして花弁が倒れだすまで、10日に1回ぐらい花首にスプレーで吹きつけるか筆で塗ります。ただし、矮化剤は蕾には絶対かけないよう注意します。

三枝の高さがそろっていない鉢は、高すぎる茎の花首に矮化剤（例・Bナイン）の100倍液を、低い茎の花首には300倍液を散布し、低すぎる茎には散布しないようにして、高さの調整を行います。

矮化剤による三枝の調整

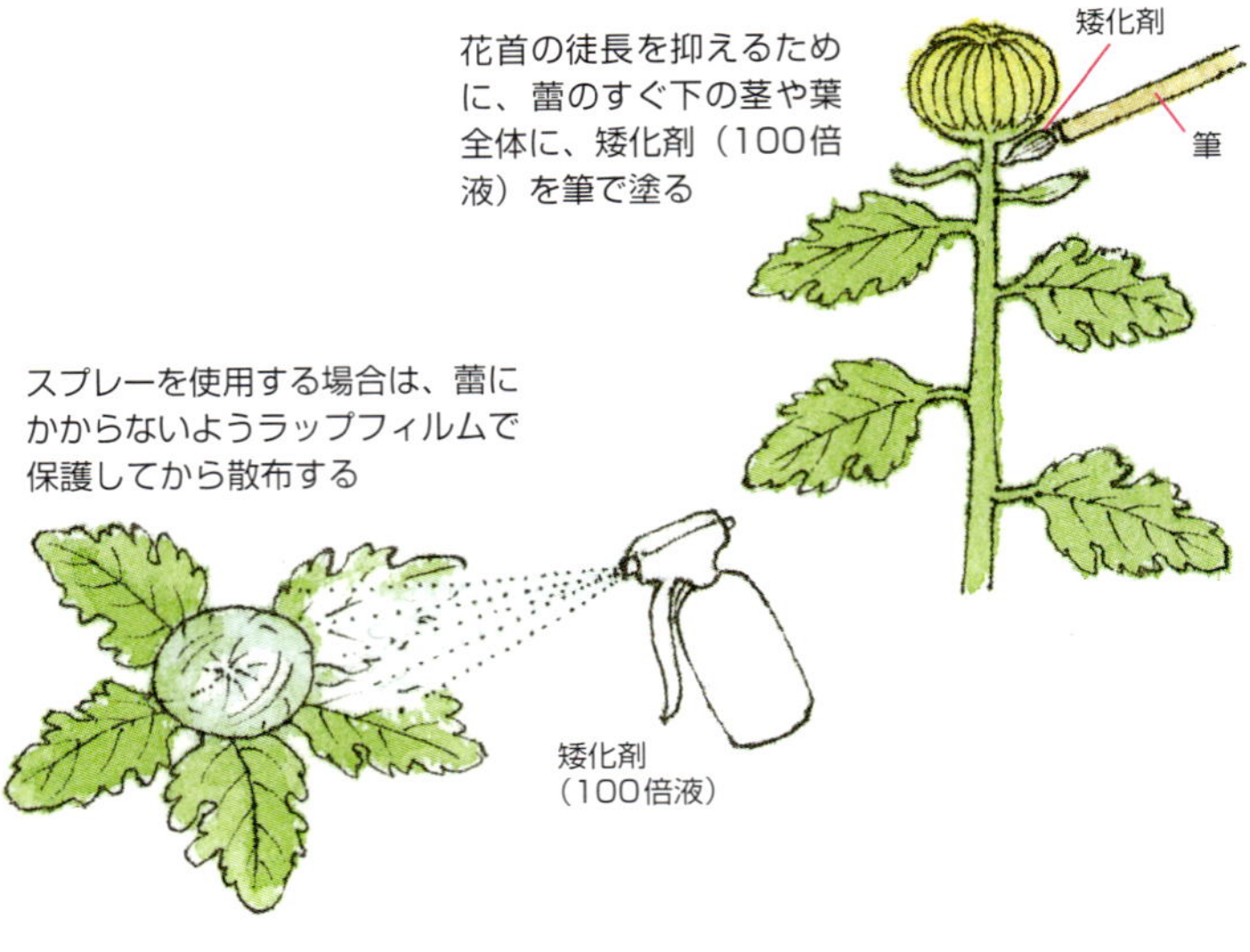
花首の徒長を抑えるために、蕾のすぐ下の茎や葉全体に、矮化剤（100倍液）を筆で塗る
矮化剤
筆
スプレーを使用する場合は、蕾にかからないようラップフィルムで保護してから散布する
矮化剤
（100倍液）

福助づくり

●株の管理

置き場　ダルマづくりに準じます。

水やり　ダルマづくりに準じます。鉢が小さいので、水不足にならないよう注意しましょう。

肥料　9月前半から10月中旬までの間に3回ぐらい、リン酸、カリを主体とした花肥専用の液体肥料の1000倍液を施します。

病害虫の防除　三本仕立てに準じます。

●増し土

表土に白い上根が伸び出てきたら、根詰まりを起こさないよう2回目の増し土をします。

●蕾の処理

9月になると待望の蕾が出そろいます。福助づくりは厚物も管物もすべて心蕾を咲かせます。心蕾の周囲のわき蕾はすべて摘み取り、その下のわき枝の蕾を予備蕾として残しますが、第一候補の心蕾が径1cmぐらいに、丸くよい形に育っていたら、早めに予備蕾は切り取ります。

●矮化剤の散布

8月の間はあまり伸びませんでしたが、今月に入るとぐんぐん伸びてきます。伸びすぎるものには、10日に1回ぐらい、矮化剤（例・Bナイン300倍液）を散布します。また、特に伸びが早い花首には、ダルマづくりと同様に100倍液を使用して伸長を抑えます。

福助づくり。9月下旬の状態

9月

10月

蕾が育ってきたら、日当たりがよくて雨の当たらない場所に移します。立派な花を咲かせるために、花の手入れと輪台づけが最後の大切な作業です。七分咲きになるまで、水はたっぷり与えますが、それ以後は控えめとします。9月中旬から再開していた液体肥料の追肥も、中旬からは施しません。

待ちに待った開花の月。花の手入れにも細心の注意を

今月の株の状態

蕾が充実して、いよいよ開花が始まる月です。キクづくりの1年の努力が今まさに報われようという、一番楽しい時期ですが、また、花の手入れ、輪台の取りつけなど、最後の詰めに最大の注意を払わなくてはならない月といってもよいでしょう。ここにきてからの失敗は、すべての苦労を無駄にしてしまうからです。

今月の管理・作業

置き場　日当たりがよくて、雨よけのできる場所に移します。蕾が色づき始めたら、絶対に雨に当ててはいけません。雨水や夜露が花弁につくと、花弁の組織にしみ込み、黒いしみをつくったりしがちです。

また、年によっては、まだまだ台風が来ることもあるので、油断は禁物です。

水やり　七分咲きになるまでは、毎日午前中に1回、十分に水やりをしますが、その後は花を長もちさせるために、控えめにする必要があります。鉢土の表面が白っぽく乾いてきてもすぐには与えず、1日待って、翌日にたっぷりと与えます。

肥料　中旬からは施しません。株は生殖成長の段階に入り、成長（栄養成長）は、もうほとんど行われませんから、肥料の必要はないのです。逆に、この時期に肥料分（特にチッ素分）が効いていたりすると、花もちは悪くなりますし、病気も出やすくなります。

病害虫の防除　せっかくの花を食害する害虫にヨトウムシなどがあります。また、アブラムシやハダニ、スリップスなども吸汁被害を与えます。蕾が開き始めるまでは、殺虫剤、殺ダニ剤の散布をしっかり行います。

また、褐斑病、黒斑病、さび病、といった病気の予防に、殺菌剤の散布も怠ってはいけません。花に雨水がかかったりすると、灰色かび病（ボトリチス病）が発生しやすいので注意します。

●鉢回し

9月に引き続いて行い、花がいびつになるのを防ぎます。

●花の手入れ

手をかけなくても立派に咲く花もありますが、

開花期の花の手入れ

破蕾の手助け（厚物系）

花の中心の透き通った
薄い膜（甘皮）が堅す
ぎて、破蕾が困難なも
のは、針かピンセット
の先で破く

萼（総苞）をゆるめる（厚物系）

萼
萼（総苞）が堅くて破
蕾が困難なものは、ピ
ンセットで萼を外側に
引いてゆるめる

開花の手助け（管物系）

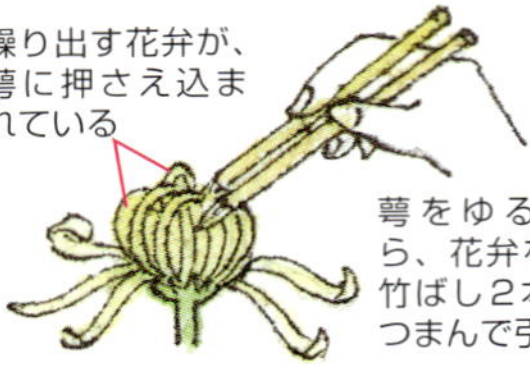
繰り出す花弁が、
萼に押さえ込ま
れている
萼をゆるめてか
ら、花弁を小筆か
竹ばし２本で軽く
つまんで引き出す

花首の調整（厚物系）

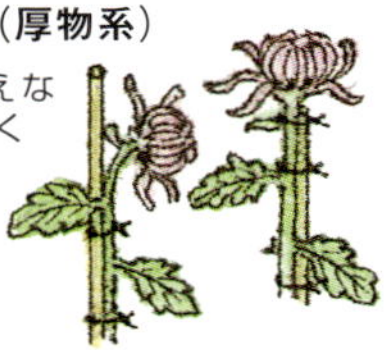
花首まで支えな
いと傾いて咲く
花首いっぱいまでま
っすぐに結わえる

花弁が４～５枚倒れだしたら、花首を支
柱に結わえる。この作業を首づけという

花によっては少し手助けを必要とするものもあります。毎日一つ一つの花を見て回り、萼（総苞）の堅い花は、ピンセットで萼を外側に引いてゆるめてやります。

また、甘皮（透き通った薄い膜）が堅すぎて、自力での破蕾が困難なものは、針かピンセットで少し破いてやります。

出てくる花弁も、くせのある見苦しいものは抜き取り、乱れた花弁は手直しをしておきます。

●花首の調整と輪台の取りつけ

厚物、厚走り　繰り出した外側の花弁（受け弁）が4～5枚倒れだしたころ（花首の伸長が止まったとき）に、花首を支柱にしっかり縛りつけます。

支柱は花首いっぱいまでまっすぐにして結わえます。この作業を首づけといいます。次に輪台の留め金を外して少し開くようにしながら、蕾の真下に取りつけ、輪台の脚2か所を支柱に結わえて、上下できるようにしておきます。そして花が咲き進むにつれて、徐々に下に下げていきます。

蕾が堅いうちは、花首が伸び続けるので、花弁が4～5枚倒れだすまでは絶対に縛ってはいけません。花首が曲がったり、蕾が折れてしまうので注意してください。

管物　花が七分から八分咲きぐらいになったころ、花弁全体をそっと持ち上げながら輪台を取りつけます。慣れると左手で持ち上げながら右手で輪台を取りつけることができるようになりますが、始めはだれかに花弁を持ち上げてもらいながら作業をするとよいでしょう。

輪台の取りつけが終わったら、肥料分を調整するために下方に2本残しておいた予備の花は切り取ります。

※一文字、大掴みについては98ページ参照。

●出品の準備

菊花展に出品する場合は、早めに準備をし、出品規定を見直すなどして万全の手入れをします。悪い花弁は抜き取って花直しをし、三枝の高さを整え、それまで5cm間隔に結わえてあったラフィアを切り取り、新たに20cm間隔に結わえ直します。

ダルマづくり、福助づくり

●株の管理

置き場　三本仕立てに準じます。
水やり　三本仕立てに準じます。
肥料　三本仕立てに準じます。
病害虫の防除　三本仕立てに準じます。

その他の管理・作業も、今月からはすべて三本仕立てに準じます。

首づけと輪台の取りつけ（厚物の例）

花弁が数枚倒れ始めたときが、首づけ、輪台づけを行う適期

花首のすぐ下で、ラフィアで支柱に結わえる（首づけ作業）

首づけ作業完了。花首までまっすぐにして結わえることが大切

輪台の留め金を外し、取りつけ作業に入る

最初は花首ぎりぎりの高さに取りつける（咲き進むにつれて下げる）

同様にして三枝とも輪台づけを行い、作業完了

輪台の取りつけ

厚走り（輪台の直径は18cm）

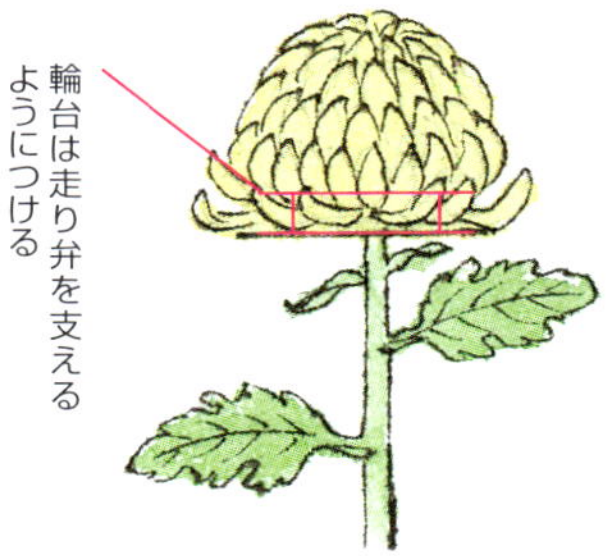
輪台は走り弁を支えるようにつける

最初は花首ぎりぎりに取りつけ、徐々に下に下げて、走り弁がやや斜め下に倒れる程度の位置で留める

厚物（輪台の直径は15cm）

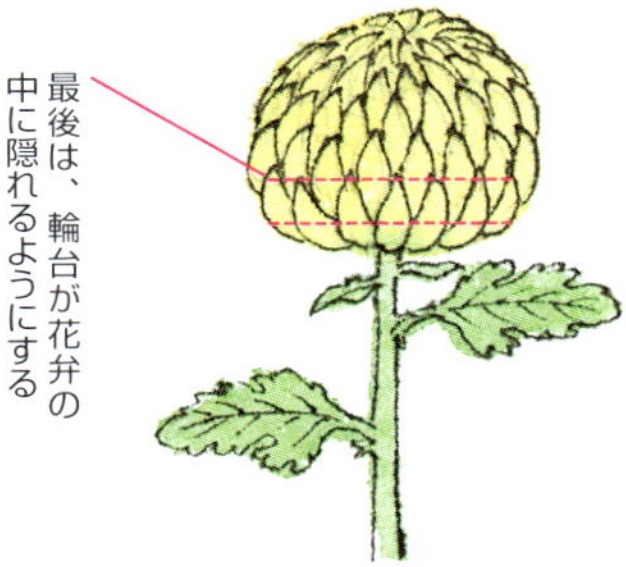
最後は、輪台が花弁の中に隠れるようにする

最初は花首ぎりぎりに取りつけ、徐々に下に下げて花弁を十分に倒れさせ、球状の花形を演出する

管物（輪台の直径は18〜21cm）

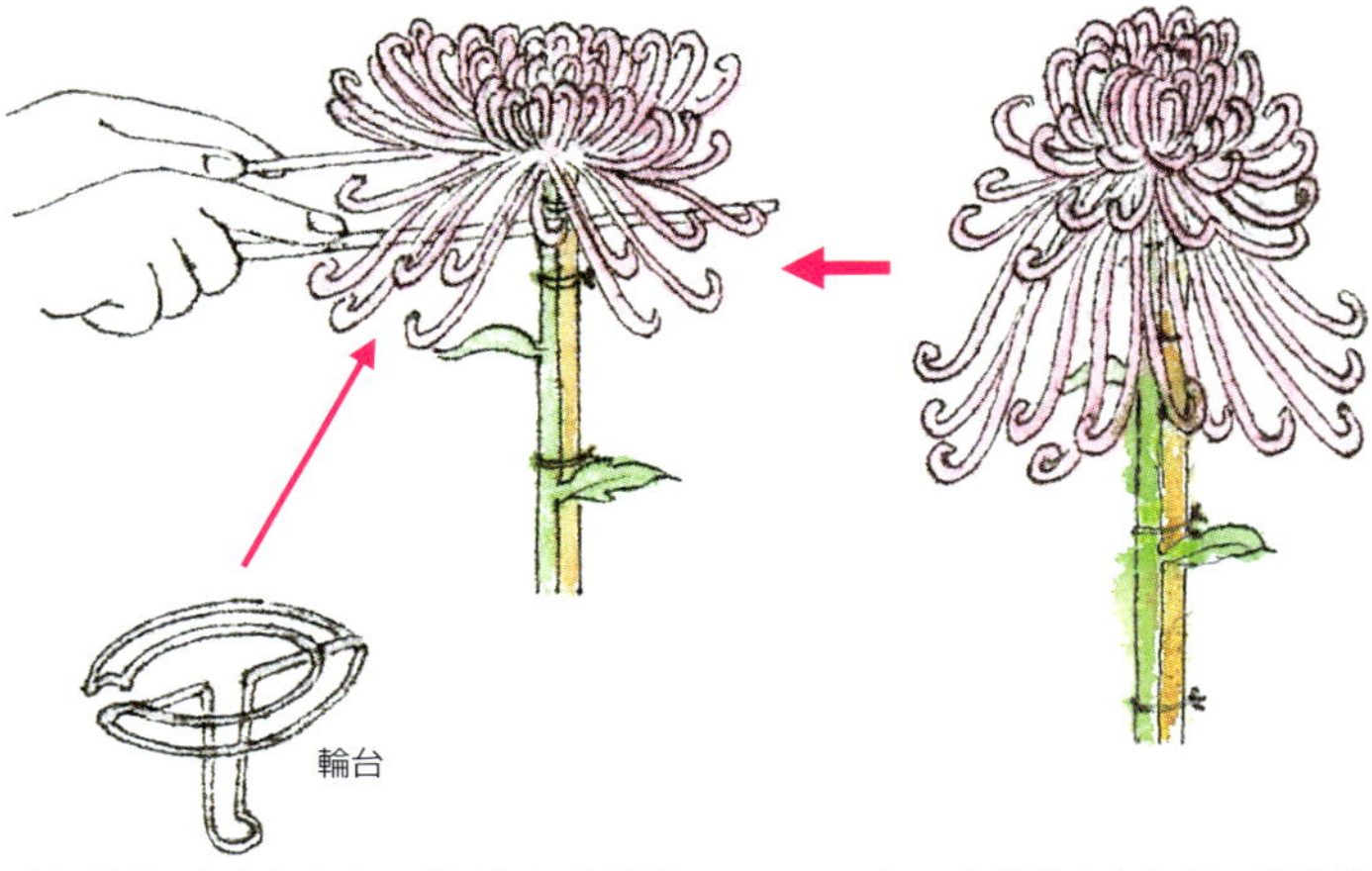
輪台

垂れ下がった走り弁を、傷めないよう慎重に持ち上げながら、輪台を取りつける

七〜八分咲きとなり、走り弁が十分に伸びたところで輪台を取りつける

11月

キク香る秋。待ちに待った観賞の時期です。雨風が当たらない場所で、心ゆくまで花を楽しみましょう。菊花展にもできるだけ足を運び見学に努めること。花が咲き終わった株は、早めに茎を切り詰め、お礼肥を施し、翌年の親株として保護します。今月から12月にかけては、腐葉土づくりを始める適期でもあります。

文化の日を中心に、各地で菊花展が開催される

今月の株の状態

花は満開を迎え、全国各地で菊花展が催されます。株を観察すると、早いものではすでに冬至芽が発生しています。この冬至芽が来年の親株になるわけですから、花が咲き終わったときから、すでに翌年に向けての栽培がスタートしていることになります。

今月の管理・作業

置き場　開花中は10月に準じ、雨風の当たらない明るい場所で管理します。涼しいと花は長もちし、加温すると開花が促進されます。ただし、夜間はよしずや寒冷紗などで風よけをします。花が咲き終わって茎を切り戻した株は、雨の当たる戸外の棚に戻してかまいません。

水やり　開花中の水やりは、10月に準じます。花が咲き終わってからは、表土が白く乾いてきたら与えるという通常の水やりに戻します。

肥料　開花中は施しません。花後に茎を切り戻したら、お礼肥として乾燥肥料を30gずつ、鉢の3か所に置き肥します。

病害虫の防除　花が咲き終わってからも油断は禁物です。これから冬越しする株に害虫や病菌がひそむわけですから、最低でも月に1回は薬剤散布を行います。

●菊花展の見学

文化の日（11月3日）の前後2〜3週間の時期に、全国各地で一斉に菊花展が催されます。たとえ出品はしなくても、できるだけ足を運ぶようにしましょう。審査の現場を見たり、ベテランの愛好家が育てた優秀な花を間近に見ることは、何よりの勉強になります。また、出品された花を見て、気に入った品種をメモしておくと、来年の苗を入手するにあたってよい目安となります。地域の菊花展に入会するチャンスでもあります。

また、菊花展によっては、会場で苗や資材の販売を行っているところもあります。

●花の後始末

花が咲き終わった株は、立ち上がりの15〜20cmを残して、できるだけ早めに幹を切り詰め、翌年の親株用として保護します。切り取った花がらや茎葉は、病害虫の巣となるので、廃棄処分します。

●購入した苗の管理

購入した秋苗の植えつけ

5号鉢、防虫網、ゴロ土、培養土を用意する

❶ 鉢底に防虫網を敷く

❷ その上にゴロ土を入れて、排水層をつくる

❸ 培養土を入れ、やや中高に盛っておく

❹ 苗は根がよく回り、底穴から白い根が見える

❺ ポットから抜いた根鉢の状態

❻ 鉢の中央部に根鉢を据え、高さを調節する

❼ 周囲から培養土を入れ、根元を押さえておく

❽ 蕾は早めに切り取り、株に力を集中させる

❾ ラベルを立てて植えつけ作業完了

秋に購入した小さな苗は、冬の間に枯らしてしまうことが多いので、必ずフレームの中で管理し、厳しい寒さがくるまでにしっかり根を育てておきます。

●落ち葉を集め、腐葉土をつくる

今月の下旬から12月にかけては、腐葉土をつくるための落ち葉を拾い集めるのによい時期です。ケヤキ、ナラ、クヌギなど落葉広葉樹の葉でもよいのですが、最もよいのはシイやカシといった常緑広葉樹の硬質の葉です。

ある程度の量の落ち葉が集まったら、たっぷり水を打って2～3日ビニールシートなどで覆い、水分をまんべんなくしみ込ませます。

庭の片隅にブロックやコンクリートパネル（通称コンパネ）で枠をこしらえ、その中に水を含んだ落ち葉を高さ20㎝ぐらいに積み込みます。この上に米ぬかと発酵促進剤を落ち葉が隠れるぐらい振りかけ、軽く散水して、また落ち葉を積みます。柔らかく積んだのではなかなか発酵しませんから、足で固く踏み込んでください。この作業を繰り返し必要な量を積み終わったら、水分の蒸発を防ぎ、雨水の流入を防ぐために、全体をビニールシートなどで覆っておきます（25ページ参照）。

少量の腐葉土をつくる場合は、コンポスターと呼ばれる市販の堆肥製造容器を利用します。

この時期、菊花展の会場わきなどで、夏の終わりから9月ごろにさし芽をしてつくったキク苗が販売される

12月

強い霜が降りる前に、冬至芽の冬越し準備を済ませましょう。枯れ葉などは早めに整理します。大鉢のまま収容するスペースがない場合は、根分けをして冬越しさせます。この場合は秋に購入した苗と同様に小苗なので、冬の間に凍害を受けないような場所、できればハウスの中などで管理したいものです。

花後の切り戻しを終え、フレーム内で冬越し中の親株

今月の株の状態

地上部を切り詰めた大鉢の親株から、引き続き冬至芽（うど芽）が伸び出します。キクは本来寒さには強い性質をもっている植物ですが、強い霜に当てたり凍らせたりしてはいけませんから、暖地以外では軒下やフレーム内に取り込んで管理します。

また、どんなに寒くなっても、鉢の中や株の基部、葉裏などには病菌や害虫の卵などがひそんでいます。最低、月に1回は薬剤散布を続けてください。

今月の管理・作業

置き場　大鉢のまま冬越しさせる場合は、霜が降り始める季節になったら、寒風の当たらない軒下やフレーム内に取り入れます（霜の降りない地域では、戸外に置いてもかまいません）。いくつもの大鉢を冬越しさせるスペースがない場合は、根分けした冬至芽を冬越しさせることになりますが、根のしっかりした大鉢のまま冬越しさせたほうが管理しやすいのは当然です。

11月から12月に根分けした冬至芽や、秋に購入した小苗も日当たりのよい軒下やフレームの中で冬越しさせますが、あまり早くからフレームに入れると年内に芽先が伸び出して、厳寒期に入ってから凍害を受けることがあるので注意しましょう。

水やり　この時期は、あまり水を欲しがりません。置き場によって異なりますが、だいたい週に1回ぐらい水やりをします。葉がしおれるようでは水不足です。

肥料　施しません。

●冬至芽の根分け

大株のまま冬越しさせたほうが安全なのですが、何品種もの親株を大鉢のままフレームなどに取り込むとなると、かなりのスペースを必要とするので、その場合は開花後に出てくる冬至芽（うど芽）を根分けして冬越しさせ、根分けをしたあとの大株は処分します。

冬至芽は、根際や地上部から発生した発根していない芽でも、切り離して植えておけばまもなく発根します。また、地中に伸びている葉の展開していない芽でもかまいません。

育苗鉢に培養土を鉢の1/2程度まで入れ、土中の茎を3cmぐらいつけて切り離した冬至芽を伏せるようにして並べ、葉の部分だけ（芽先）を

冬至芽の根分け

❶ 鉢の周辺部に多数の冬至芽が伸び出ている

❷ 地中にハサミを入れて冬至芽を切り取る

❸ ゴロ土（右）と培養土（左）を用意する

❹ 鉢は浅鉢でも中深鉢でもよい

❺ 鉢底に防虫網を敷く

❻ その上にゴロ土を入れて排水層をつくる

❼ 鉢の八分目ぐらいまで培養土を入れる

❽ 芽先が上向きになるよう、冬至芽を伏せる

❾ 下葉のつけ根まで培養土を入れて作業完了

地上部に出すようにして培養土をかけておきます。茎の部分が地上部に出るようにして植えると、茎が硬くなってしまい、その後の生育がよくありません。

植えつけた冬至芽は、フレームや日の当たる廊下などで冬越しさせます。

●古土の整理

大鉢から抜いて残った古土は、ふるいにかけてゴロ土を取り出し、さらに1㎜目のふるいにかけてみじんは除去します。残った土にわら灰を1割ぐらい混ぜて積んでおきます。この古土に新しい培養土を等量に配合して、植え替え時の植えつけ用土とすると、よい結果が得られます。

ただし、古土には害虫や病菌がひそんでいることもあるので、よく消毒をしておくことが大切です。厳寒期の夜間凍結しそうなときにたっぷり水をかけて、害虫を凍死させます。また、暖かくなったころ、黒のビニール袋に入れて密封し、直射日光の当たる場所に2〜3週間並べておくと、袋の中の温度はかなり高温となるため、病害虫を死滅させる効果があります。

親株の冬越し

❶

多数の冬至芽が出ている親株。場所さえあれば、芽を根分けせずにこのまま冬越しさせたほうが安全

❷

親株の茎を短く切り詰め、枯れ葉を整理して冬越しさせる

一文字と大摑みの花の手入れ

乱れのない見事な花を咲かせるには、花が咲き始めたころにそれなりの手入れが必要です。厚物や管物の花の手入れについては、85～89ページに簡単に解説しましたが、ここでは一文字と大摑みの花の手入れについて触れておきましょう。

●一文字の場合

一文字は心蕾を咲かせます。10月中旬に入り、花弁が繰り出してきたら、花芯がまっすぐ上を向くように支柱に誘引し、短い花弁は早めに抜き取って14～16弁に整えます。同時に白い厚紙を花の大きさに丸く切って台紙をつくり、輪台と花の間に敷きます。

大、中、小の綿玉を多数つくっておき、これを花弁に詰め、花弁が船底形になるよう形を整えます。全部詰め終わったら、綿を薄く伸ばしたもので花全体を覆っておきます。綿玉は審査の日に会場で取ります。

なお、美濃ギクも、同様の方法で花弁を整えます。

一文字（岸のオーロラ）

●大摑みの場合

蕾が大きくなるにつれ花首が曲がりやすいので、早めに添え竹を当て、いつも真上を向いているようにします。花弁が色づいてきたら雨の当たらない場所に取り込みます。

走り弁が伸びてきたら、萼の下回りに脱脂綿を巻いて走り弁が傷つかないようにします。同時に花首の下20㎝ぐらいまで薄く脱脂綿を巻き、伸びてくる走り弁が脱脂綿に沿ってまっすぐ下に伸びるよう手助けをします。走り弁が十分に伸びたら輪台を取りつけます。

大摑み（瑞竜）

初めての大ギク栽培
（基礎知識）

これから大ギクを育ててみたい方のために、
栽培に必要な基礎知識をまとめてみました。

キクの性質

キク（*Chrysanthemum* × *morifolium*＝家ギク）は今から約1200年前に中国から日本に渡来した栽培種です。古い時代に、中国に自生するさまざまなキクの原種からつくり出されたもので、そのため、日本原産の野生ギクともよく似た性質をもっています。

●根は弱酸性を好み、好気性

キクの仲間は好酸性植物といって、pH5.5～6.5ぐらいまでの弱酸性の土壌酸度が適しています。わが国の土は一般に酸性で、pH5.5ぐらいの土が多いとされていますから、日本向きの草花といってよいでしょう。

また、一般に宿根草とされていますが、キクの根は毎年更新され、一本一本のキクの根の寿命はほぼ1年です。年を越した古株からの根の発生は少なく、盆栽仕立てや千輪仕立てといった特殊な場合しか、古株は利用できません。

そこで、株をおう盛に生育させて立派な花を咲かせるには、どうしてもさし芽でこしらえた若い苗を使用する必要があります。また、開花期までに十分に生育させるには、さし芽後ある程度長い期間が必要です。

さらに、キクの根は好気性で、硬く締まった土や土壌水分の多い土は苦手です。キクづくりの用土として、腐葉土をたっぷり加えた通気性に富んだ団粒構造の土を用いるのは、こうした理由によるものです。

●代表的な短日性植物

キクは短日性の植物で、短日になると花芽を分化し、蕾が上がってきます。一般に1日の日長（1日のうちの明るい時間）が13時間以下になると花芽を分化するといわれています。

そこで、まだ長日期間である7月から8月であっても、雨天や曇天の日（明るい時間が短い）が数日続くと、花芽を分化してしまうことがあります。ただし、その後は長日条件なので花芽の発達は抑制され、花を咲かせるには至りません。これが柳芽です。

逆に近くに街灯などがあって、夜でも新聞の文字が読めるような明るい場所に置いたりすると、秋になってもなかなか花芽は分化しません。

この性質を利用し、花芽分化を遅らせるには、夜間、人工的に電灯による照明（電照）を施します。また、早期に花芽を分化させるには、夏の間にシェードを行い、短日条件をつくり出してやればよいことになります。

秋空に映えるキクは日本を代表する園芸植物の一つ

園芸種のいろいろ

一般にキクといえば、園芸用の観賞ギク（家ギク）を指しますが、これにはいろいろな種類があります。

大別すると、洋ギク（欧米で改良されてつくられたポットマムなど）と日本ギク（和ギク）という分け方もできますし、開花期で分けると春ギク（4月下旬～5月下旬開花）、夏ギク（5月下旬～7月開花）、秋ギク（10月中旬～11月下旬開花）、寒ギク（12月上旬～翌年1月開花）、それに8月咲きギク、9月咲きギクといった分け方もできます。

趣味として最も広く栽培されている日本ギクは、次のように分けることができます。

●大ギク

厚物、厚走り、管物（太管、間管、細管、針管）、一文字、美濃ギク、大摑みがあります。

厚物　大ギクの代表種。盛り咲き状で手まりのような花形です。

厚走り　厚物の下部に、長い走り弁が四方にまんべんなく突き出る豪快な花形です。

管物　花弁が管状のもので、管の太い細いの違いで、太管から針管まであります。

一文字（広熨斗）　平弁で14～16弁ぐらい、花弁は船底形のものがよいとされます。俗にご紋章菊と称されるものです。

大摑み　花弁の盛り上がる部分が、手を固く握って上向きにしたような花形で、下部には力強い走り弁が出ます。

美濃ギク　一文字に似た八重咲き状のキクですが、現在ではあまりつくられていません。

●江戸ギク（中ギク）

抱えギクとも呼ばれる独特の花形で、優雅な趣があります。

●嵯峨ギク、伊勢ギク、肥後ギク

いずれもそれぞれの地方で、古い時代から栽培されてきた優美な花形のキクで、古典三菊ともいわれます。

嵯峨ギク　京都・大覚寺に伝わるキクで、嵯峨天皇の御高覧に供したのが始まりと伝えられています。細い弁が立ち上がり、ほうき状の花形となります。

嵯峨ギク

伊勢ギク　伊勢松坂地方に伝わる系統で、花弁が垂れ下がり、よれ、裂け、縮れといった芸を見せてくれます。

伊勢ギク

肥後ギク　肥後六花撰の一つ。単弁花で、平弁咲きと管弁咲きの2系統があります。

肥後ギク

●小ギク

花がごく小輪で矮性のものは盆栽仕立てに、小ギクのなかでもやや花が大きく幹が長く伸びる種類は、大懸崖などに使われます。

キクづくりの鉢、用具、資材

●ポリポット、鉢

生育段階に応じて、いろいろな鉢が必要です。

ポリポット　さし芽に用いるもので、径6.0～7.5㎝のものを使用します。

素焼き鉢　育苗用には、4～6号鉢（径12～18㎝）を使用します。

駄温鉢　素焼き鉢と同じ焼き鉢ですが、堅く焼いてあるので壊れにくいのが特徴です。

5～10号鉢（径15～30㎝）までのキク鉢は、素焼き鉢、駄温鉢、プラスチック鉢の3種類が市販されていますから、好みに合わせて利用するとよいでしょう。

●用具

ふるい　培養土の粒度をそろえるのに使います。1㎜目、3㎜目、5㎜目、10㎜目の4種類ぐらいを用意しておきます。

ジョウロ　細かくやさしい水やりができるよう、ハス口の穴が小さいものを選んで購入します。

噴霧器　大量に薬剤を散布するときは、電動式のものが便利です。

スプレー　矮化剤や少量の薬剤散布に使用します。

回転台　移植や定植、摘心、整姿などあらゆる作業に利用できます。

ハサミ類　剪定バサミ（太い幹を切る）、芽切りバサミ（わき枝やわき蕾を切る）、糸切りバサミ（ラフィアを切る）、針金切りなどをそろえておきます。

ピンセット　摘心作業や花の手入れに用います。

竹べら　植え込むとき、培養土を詰め込むのに用います。

計量スプーン、計量器、ピペット　薬剤や肥料の計量に用います。

●資材

ラベル　品種名、花色、開花期、作業記録などを記入するために、ぜひとも必要です。

ラフィア、ビニタイ　キクの幹を支柱に固定するのに使います。

仮支柱　曲づけをしたあとに、茎が折れないよう、仮に立てておきます。

本支柱　アルミ製で伸縮自在。三本仕立て用、ダルマづくり用、福助づくり用とがあります。

インバイド　三本仕立ての本支柱を固定するのに使います。

輪台　アルミ製で、花の形を整えるのに用います。大きさは径9㎝から24㎝まであります。

アルミ線　曲をつけるのに使います。太さ1㎜、2㎜、3㎜のものを使い分けます。

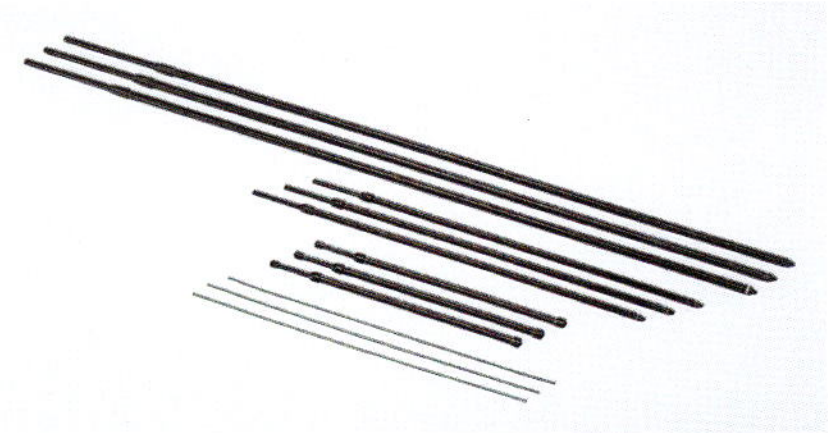
支柱のいろいろ。右から三本仕立て用、ダルマづくり用、福助づくり用、仮支柱

結束用のラフィア

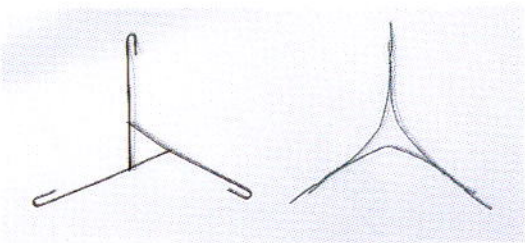
インバイド（左は三本仕立て用、右はダルマづくり用）

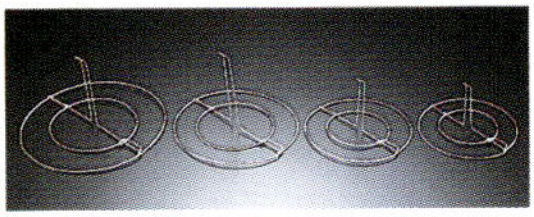
輪台のいろいろ

キクと培養土

100ページでも述べたように、キクの根は非常に空気を好み、土壌中の通気性がよければ、どんどん肥料を吸収してよく生育します。逆に土が硬く締まって通気性が悪かったり、水はけが悪いと、根腐れを起こしがちです。通気性、排水性に富み、保水性、保肥性に優れた団粒構造の土であることが必要条件となりますが、自然界にはなかなかそうした土はありません。

そこで、人為的にさまざまな材料を混ぜ合わせることで、できるだけ理想に近い性質の培養土をつくる必要があります。

●培養土の主な材料

赤玉土　小鉢に鉢上げするときや中鉢に移植をするときの培養土には中粒を使い、本鉢に定植するときの培養土には大粒を使用します。

腐葉土　両手で軽くもみ合わせるとぼろぼろになるくらい完熟したものを使います。市販の腐葉土では、なかなかこうした上質のものが少ないので、できるだけ自家製の腐葉土をつくっておきたいものです。つくり方は、93ペー

配合例　①赤玉土3　②腐葉土3　③ヤシ殻チップ2　④高度珪酸塩白土1　⑤もみ殻くん炭1

ジを参照してください。

完熟した腐葉土は、よく乾かして保存すれば、品質は変わりませんから、2年後、3年後でも使用することができます。

ヤシ殻チップ　ヤシの実をチップ状にした繊維質の植え込み材料で、培養土の通気性をよくする効果があります。小粒のものは小鉢用に、中粒のものは中鉢用に、大粒のものは大鉢用にと使い分けます。これより大きなサイコロ状のものはゴロ土として使用することができます。

ヤシ殻チップ。①小鉢用（小粒）②中鉢用（中粒）③大鉢用（大粒）④ゴロ土用（特大粒）

もみ殻くん炭　もみ殻をいぶし焼きして炭化させたものです。土壌改良材として使用すると、通気性、保水性を高めると同時に、根腐れを防止する働きもあります。

パーライト　多孔質の非常に軽い人工土で、通気性、排水性に優れます。

高度珪酸塩白土　根腐れ防止材として使います。

●使用する3～4か月前に配合しておくこと

それぞれの材料を、どんな割合で配合するかは、栽培環境や育てる人の水管理などによっても少しずつ異なります。一般的な配合例は35ページにも紹介しています。培養土は配合してすぐに使うのではなく、水を打って適度な湿り気をもたせ、少なくとも3か月はねかせてから使用することが大切です。

栽培する場所

キクを育てるには、できるだけ日当たりがよく、また風通しもよいところが適しています。一日中、十分に日が当たる場所というのはなかなか得られませんが、少なくとも1日のうち半日以上、日光が当たる場所でないとよいキクはつくれません。

理想的な日照条件としては、朝から正午ぐらいまでは日光が十分に当たり、夏の強い西日は多少遮られる場所が最適です。屋上やバルコニー、物干し場などはキク栽培に非常に適した場所です。ただし、台風などの強風から守る方法を考えておく必要があります。

近ごろの住宅事情を考えますと、特に都会地

日当たり、風通しのよい屋上に設けたキクづくり用の本格的なガラス温室

では、理想的な培養場を得られる人はごく少ないはずです。多くの人は、何かしらハンディのある場所で、工夫を重ねながらキクづくりを楽しんでいるというのが現状です。

●置き場所の工夫

キクは短日性の植物です。近くに街灯などがあって夜も明るいような場所では、遮光をしないと開花が遅れたり、品種によっては花が咲かないことさえあります。8月の末、花芽分化が始まる前から、夜間は寒冷紗などの遮光ネットを使用して、短日条件をつくり出す必要があります。

キクづくり用の栽培棚

また、キクは日光が大好きですが、7月から8月の直射日光は少し強すぎます。そこで午前11時ごろから午後3時ごろまでの間は、40%遮光の遮光ネットを使用して、直射日光を遮る工夫をしてください。遮光をすることでネットの下は涼しくなり、生育にもよい影響を及ぼします。

同じ時期に生育を開始したキクも、株によってその後の伸び具合には差が出てきます。伸びすぎてしまいそうなキクは、一日中日が当たる場所に出し、伸びの悪いキクは半日陰の場所で管理するといった気配りが必要です。

鉢は直接地面の上に置くと、水はけを悪くしますし、ハガレセンチュウやネグサレセンチュウなどに感染しやすくなります。高さ50㎝ぐらいの台をつくって、その上にのせて栽培するようにしましょう。

キクと水やり

園芸では昔から「水やり3年」といわれますが、キクづくりの場合も水やりの上手下手で、作品に大きな違いが出てきます。

鉢植えの植物は、太陽の光や温度、空中湿度、鉢内の水分、肥料分などを適宜供給されることで、生命を維持しています。多少の無理には耐えられますが、極端にバランスを失うと根が腐って枯れてしまいます。

さし芽から開花まで、雨または曇天の日を除き、水やりは欠かすことのできない大切な管理です。鉢内の土が湿りすぎていないかぎり、毎日決まった時間に水やりをしながら、鉢土の乾き具合や株の様子に気を配り、1日も早く上手な水やりの方法を会得してください。

キクは乾燥には比較的強いのですが、過湿には極端に弱い性質をもっています。原則として鉢土の表面が白く乾くのを待って、鉢底から流れ出るくらいたっぷりと与えます。

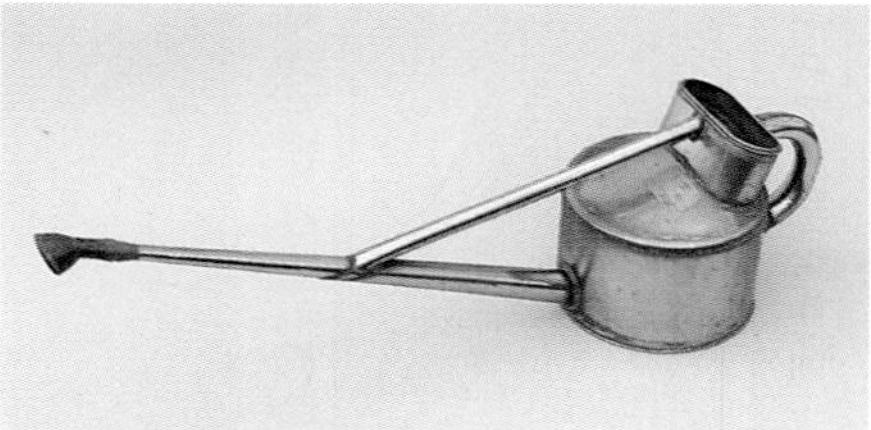

ジョウロは大切な道具。やさしい水やりを行うために、ハス口の穴ができるだけ細かいものを選ぶこと

●水道水はくみ置きしたものを使う

きれいな川の水があれば、それをくみ上げて

使用するのが理想的ですが、そのような恵まれた環境にいる方は少ないはずです。井戸水さえも思うにまかせず、カルキの臭いをかいだだけで飲みたくなくなるような水道水で水やりをしている方が大多数ではないでしょうか。水道水の場合は、くみ置きをして、翌日に使用するとよいでしょう。

それでも気になるという方は、水の浄化剤を1000倍に薄めて使用してみてください。この浄化剤は高度珪酸塩白土を精製したもので、16種類のミネラルが根から茎や葉に吸収され、よい結果が得られます。

●鉢植えのキクへの水やり

それぞれの月の管理で、詳しく解説しましたが、鉢土がいつもじめじめしているようでは根腐れを起こしやすいので、水を控えてください。例えば植え替えをしたあとなど、周囲の土がいつも湿っていると、根はなかなか伸び出せません。

ひと口に水やりといっても、鉢の置き場所や、使用している培養土によって、乾き具合には格段の差が出ます。

生育中のキクは、一日中よく日の当たる場所では朝夕2回の水やりが必要です。反対に日当たりが悪い場所では、1日に1回ですむかもしれませんし、2日に1回でよいかもしれません。また、粘土質の多い培養土は水もちがよく、腐葉土の多い培養土はよく乾きます。根の生育具合によっても、乾く速度は異なります。

そこで、水やりはマニュアルどおり画一的に行うのではなく、一鉢一鉢の培養土の乾き具合を見ながら、与える水の量も違うものだと肝に銘じておいてください。

キクと肥料

●肥料の三要素

キクづくりに用いる肥料の成分は、次のような比率がよいとされています。

葉や幹を育てるチッ素成分（N）は50％、根や花を充実させるリン酸成分（P）は30％、樹体を丈夫にするカリ成分（K）は20％です。ただし、カリ成分は多すぎると、葉や茎を硬化させます。このほか、二次要素としてマグネシウム、カルシウム、イオウ、さらに微量ですが必要不可欠な要素としてマンガン、鉄、銅、亜鉛などいくつもの要素があります。

こうした成分をバランスよく含んでいる肥料として、昔から手づくりの乾燥肥料が愛用されてきました。

●乾燥肥料と、その他の肥料

乾燥肥料のつくり方は27ページに解説しました。発酵時の臭いが近隣に迷惑をかけるのでは、と心配な方は市販されている乾燥肥料を使用すればよいでしょう。また、さまざまな成分をバランスよく含んだ化成肥料も多数市販されています。

左から手製の乾燥肥料、市販の乾燥肥料、緩効性化成肥料（小粒と中粒）

どのような肥料でも要は使い方しだいです。初めてキクづくりをされる方は、キクづくりの先輩を訪ねて教示を受け、使用方法を忠実に守るようにしてください。特に肥料の施しすぎに注意しましょう。肥料が不足すると幹は細く、葉は小さく、花も小型になりますが、根腐れや肥料あたりといった失敗はありません。初めから無理して多肥を試みることは避け、少しずつ経験を積むなかで適量を覚えることです。

●キク栽培に適した主な肥料とその成分

成分＼品名		油かす	魚かす	米ぬか	わら灰	ファミリー化成	プロミック錠剤	有機エード	菊乾燥肥料	ハイポネックス微粉	大菊液肥	大菊液肥ＰＫ	大菊液肥Ｎ	ハイポネックス原液
三要素	チッ素(N)	5.3	8.0	2.0	0	15	12	10	8	6.5	5	2	9	5
	リン酸(P)	2.5	5.0	3.8	1.5	15	12	10	8	6.0	5	8	6	5
	カリ(K)	1.0	0.5	1.4	4.7	15	12	10	8	19	5	12	5	5
二次要素	マグネシウム						○			○				○
	カルシウム						○			○				○
	イオウ						○							
微量要素	マンガン						○		○	○	○	○	○	○
	ホウ素						○			○	○	○	○	○
	鉄						○			○	○	○	○	○
	銅						○			○	○	○	○	○
	亜鉛						○			○	○	○	○	○
	塩素						○			○				○
	モリブデン						○			○	○	○	○	○
	ミネラル						○			○				○
	苦土石灰						○	○	○	○				○
	ビタミン						○			○				○
メモ		乾燥肥料の材料					無機		有機	有機				

キクと病害虫

病気に侵されたり、害虫に食害されてからいくら消毒をしても、元には戻りません。病害虫は必ず発生するものと考え、事前の消毒が肝要です。生育期間中は週1回、少なくとも10日に1回は薬剤散布を心がけましょう。

●主な病気

黒斑病、褐斑病　初め下葉に円形もしくは楕円形の斑点ができ、やがて葉全体が褐色や黒色になり落葉します。

[対策] 117ページの表参照。

白さび病　キクの大敵で、空中伝播するやっかいな病気です。初め葉裏に白い粉がふくらんだような斑点が現れ、やがて大きくなり淡い褐色のいぼ状になります。しばらくすると葉の表面にもくぼんだ斑点が現れます。

[対策] 117ページの表参照。

ウイルス病　アブラムシなど吸汁性害虫によって媒介されるといわれています。

[対策] この病気は治癒薬がないので、見つけしだい株を焼却処分します。

●主な害虫

アブラムシ　栽培期間中いつでも発生します。主に芽先に集まって養分を吸い取るので、形のよい葉の展開が望めなくなります。アリとは仲よしで、ナナホシテントウムシは天敵です。

[対策] 殺虫剤には弱い虫で、消毒さえきちん

白さび病

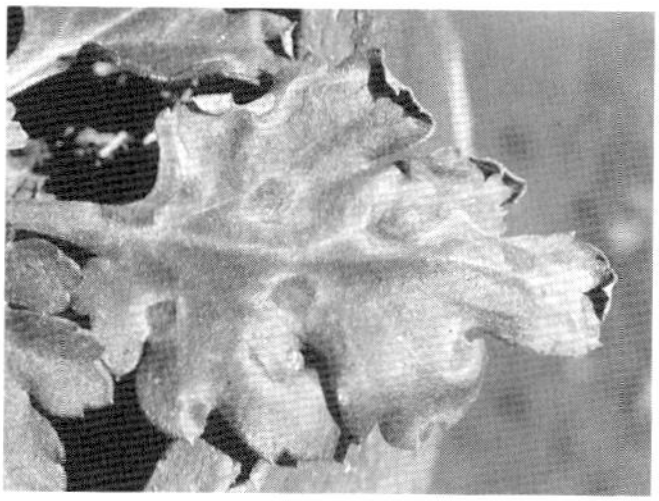
黒斑病

スリップスによる被害

キクモンサビダニの被害

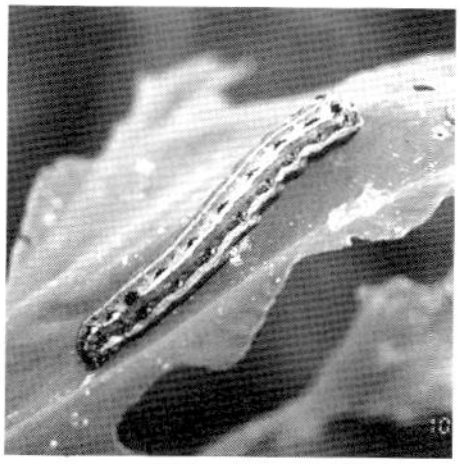
ハスモンヨトウ

と行えば心配する必要はありません。

ヨトウムシ類　ハスモンヨトウとネキリムシの2種類があります。特に春と初秋に大発生するハスモンヨトウは、葉の裏に卵を産みつけます。幼虫が小さいうちは葉の裏に集団で生息し、日中も葉を食害します。老熟幼虫は、日中は根元の土の中にひそみ、夜間に現れて被害をもたらします。

［対策］117ページの表参照。

ハダニ類　ナミハダニ、キクモンサビダニなど多くの種類があり、クモのように糸を張って汁液を吸汁し、被害を与えます。花が咲くと花弁のすき間や基部に潜り込んで吸汁します。高温乾燥を好みます。

［対策］水に弱いので、株全体、特に葉の裏に夕方たっぷりと水をかけるだけで、繁殖をかなり防ぐことができます。

スリップス　ハダニと同様、高温乾燥期に発生します。葉の裏に体長2㎜ほどの黒くて細長い虫がつき、養分を吸い取ります。葉の表面に無数の斑点ができるので、ハダニの害と間違えられることもあります。

［対策］117ページの表参照。

キクスイカミキリ　春先に飛来し、芽先から少し下の部分に2か所かみ傷をつけ、卵を産みつけます。やがてふ化した幼虫は、茎の中を移動しながら食害するので、キクは枯死してしまいます。

［対策］夜間に見回って、捕殺します。

フキノメイガ　別名シンクイムシともいい、柔らかい芽先を好んで食べます。やがて茎の中に侵入し、株を枯らしてしまいます。

［対策］117ページの表参照。

薬剤の上手な使い方

キクはいろいろな病害虫に侵されやすいため、薬剤散布にはたいへん苦労します。

生育期間中の薬剤散布は、週に1回行う必要がありますが、殺虫剤と殺菌剤を別々に散布するとなると、週に2回も散布をしなければならないことになります。そうした手間を少しでも省くために、殺虫剤と殺菌剤を混用できて、しかも薬害の出ない薬剤を求めて散布するとよいでしょう。どんな薬剤どうしなら薬害の出ない殺虫、殺菌ができるか、混用例をあげてみました。

なお、どんなによく効く薬剤でも、連用すると害虫には免疫が、病菌には耐性菌ができて、効果が薄れてきます。数種類の薬剤を用意し、交互に使用するようにしましょう。また薬剤は、使用説明書に従って使用してください。

●主な病害虫と適用薬剤の組み合わせ例

病害虫名	薬剤名（各ブロック内は混用できる）	希釈倍率
ハダニ、キイロアザミウマ。 アブラムシ、その他の害虫類。	コテツフロアブル モスピラン水溶剤	2000倍 1000倍
ハダニ。 白さび病。	ピラニカEW サプロール乳剤	1000倍 1000倍
アブラムシ、スリップス、ヨトウムシ、その他の害虫。 白さび病。	オルトラン水和剤 トリフミン水和剤	1000倍 2000倍
ハダニ、アブラムシ。 黒斑病、褐斑病、白さび病。	マラソン乳剤 ベンレート水和剤	1000倍 1000倍
アブラムシ類。	アドマイヤーまたはベストガード粒剤（浸透移行性殺虫剤で、有効期間は約40日。さし芽前1回、小鉢時1回。大鉢は40日間隔）	小鉢1g 中鉢1g 大鉢3g
センチュウ類。	バスアミド微粒剤	

品評会と審査

育てたキクを、自分だけで楽しむ場合は自由ですが、各菊花会が催す品評会や展覧会に出品して栽培技術を競うとなると、審査の基準の概略を知っておく必要があります。審査基準は会によって多少の違いがありますから、よく確認したうえで出品する作品を仕立てる必要があります。

ただし、共通した審査基準はおよそ次のような点です。これらは、菊花展で花を観賞するうえでの大切なポイントでもあります。

●大ギク三本仕立て盆養

①株が鉢の中央に植えてあるかどうか。
②わき枝や冬至芽を取り除いてあるかどうか。
③三枝の分岐する位置が、表土から9㎝内外の位置で、なるべく密接して分かれているかどうか。
④分岐した三枝の曲がる位置が、鉢縁から12㎝以内に収まっているかどうか。
⑤3本の幹の葉が、脱落したり病害虫に侵されたりしていないか。
⑥3花の位置が、正しく天地人で高低差がついているかどうか。
⑦花の大きさはそろっているかどうか。
⑧輪台の取りつけ位置が適切であるかどうか。
⑨インバイドの取りつけ位置はどうか。
⑩草丈は会によって多少の違いがあるが、関東

地方を例にとると、鉢の底から花首の下まで120cm以上、160cm以下。

などなどです。

●ダルマづくり

①鉢は7号鉢（径21cm）を使用のこと。

②草丈は鉢の底から花首の下まで40cm以上、60cm未満。

③「人の枝」の曲がる位置が、鉢縁から3～5cmほどの高さに収まっているかどうか。

花や葉に関しては、三本仕立て盆養と同様の見方をします。

●福助づくり

①鉢は5号鉢（径15cm）を使用のこと。

②草丈は鉢の底から花首の下まで40cm（花頂まで50cmと定めている会もある）。

③葉が鉢縁を隠すほどしっかりと密に茂っているかどうか。

④花は三本仕立てにほぼ近い立派な花であるかどうか。

●花の条件

また、仕立て方にかかわらず、花はその系統の特性をよく表していることが必要です。

厚物、厚走り　花弁の組みが規則正しく端正で、かつ十分に盛り上がっていること。花の中心が1点に集中し、固く口締まりしていること。走り弁はまっすぐ力強く、また規則正しく四方に均等に出ていること。

管物　各花弁が丸みを帯びて堅いこと。花弁がのびやかで力があること。走り弁はなるべく長く、四方に均等に放射していること。花弁の先端の玉巻きは丸みを帯び、固く締まっていること。花の中心部は、花弁が短い茶筅状をしていて、中心が深い谷をつくり、かつ露芯していないこと。

大ギク・園芸相談

Q 親株から出た冬至芽を、そのまま育てて三本仕立てにしてもよいのでしょうか?

A それは無理です。キクは園芸分類上、宿根草とされていますが、古い株になると発根も悪くなり、生育は極度に悪くなります。晩秋に発生して冬越しした冬至芽をどんなに努力して肥培しても、秋までにしっかりした三本仕立てに育て上げることはできませんし、品種本来の立派な花を咲かせることもできません。

4月から5月(ダルマづくりでは6月)にさし芽をしてつくった新しい苗から仕立てるしかありません。そのさし穂にしても、発生してからあまり伸びすぎた芽では、思うようによく育ちません。できるだけ若々しい芽を採取してさし穂としてください。親株から伸び出る芽は摘心を繰り返し、摘心から1か月後ぐらいの芽が、ちょうどさし芽に適したさし穂となります。

Q 今年初めて福助づくりに挑戦してみたのですが、花が咲きませんでした。どうしてでしょうか?

A 福助づくりには、さし穂を採取する直前とさし芽後に、矮化剤(例・Bナイン)を散布する必要があります。ただし、矮化剤処理を行う場合はコツがあって、これを間違えると花が咲かないこともあります。

さし芽の前日に芽先に散布するときと、7月に茎が高さ10㎝ほどに伸びてきたとき散布する場合は、ハンドスプレーなどで芽先を中心に散布してかまいません。

しかし、8月20日以降、つまり花芽が分化してから散布するときは、矮化剤が蕾にかからないよう注意して処理することが大切です。ていねいに行うのでしたら筆を使って、蕾に触れないよう注意しながら、蕾のすぐ下の花首部分や葉全体に薬液を塗ってやるのが安全でしょう。スプレーで散布する場合は、蕾をラップフィルムなどで包み、保護してから花首部分に散布します。

矮化剤が蕾にかかってしまうと、花が咲かないことがあるばかりか、咲いても花がいびつになったり、開花が遅れたりと、思わぬ失敗をします。

福助づくり

Q いろいろなキクを育てたので、自宅の庭にキク花壇をつくって楽しみたいと思います。どんな点に注意して並べたらよいのでしょうか?

A キクはバラエティに富んでいます。大ギクだけでも厚物から管物、一文字、美濃菊など花形はいろいろですし、それぞれたくさんの品種があって花色も多彩です。仕立て方も三本仕立て、ダルマづくり、福助づくりとさまざまですから、これらを並べるだけで絢爛豪華なキク花壇ができ上がります。

展示会に出品するばかりがキクづくりの楽しみではありません。ぜひ軒先など身近な場所に鉢を並べて楽しんでみてください。

よく、花壇の周囲をビニールで囲む人がいますが、風通しが大切なので、三方はよしずで囲みます。開花中の花を雨に当てるのは禁物なので、屋根の部分には波板などを張っておきます。

低温のほうが花は長もちしますが、夜間の冷え込みは周囲をよしずで囲むなどして防いでやりましょう。

棚への並べ方は、三本仕立てなど丈の高い鉢は後ろに、ダルマづくりはその前に、丈の低い福助づくりなどは最前列に並べます。厚物系と管物系、一文字とブロック分けしたほうがよいと思いますが、花色のバランスに注意しさえすれば、あとは自由に並べて結構です。

Q キク苗の注文が遅れたため、苗の入手が4月下旬になってしまいました。どうしたらよいでしょうか?

A 入手した苗を肥培し、ここから発生するわき芽をさし穂に利用するわけですから、三本仕立てには、もう間に合いません。三本仕立てのさし芽適期は4月から5月なので、その1か月前には摘心が済んでいなければいけないからです。

しかし、順調に肥培して摘心し、わき芽を出させれば、ダルマづくり（さし芽適期は6月）か福助づくり（さし芽適期は7月）に仕立てることはできます。

三本仕立てにしたいのでしたら、1年間親株として育てて冬至芽を出させ、来年に期待しましょう。

Q 完熟腐葉土がなかなか手に入らないのですが、どうしたらよいでしょうか?

A 園芸店で売られている腐葉土には、もちろんきちんとしたメーカーでつくられた良質のものもありますが、なかには材料が悪かったり、完熟にはほど遠い粗悪なものが売られていることも少なくありません。どうしても良質の腐葉土が入手できないようであれば、吟味した材料（最もよいのはシイ、カシなどの常緑広葉樹の落ち葉）を自分で集め、自分でこしらえるのが一番です（腐葉土のつくり方は25ページ、93ページを参照）。

培養土に腐葉土を入れるのは、土の通気性、排水性をよくし、保水性や保肥性を改善するためですから、どうしても良質の腐葉土が手に入らない場合は、ヤシ殻チップの量をふやすのも一つの方法です。ヤシ殻チップはヤシの実を破砕してつくった繊維質の土壌改良材で、通気性、保水性に富み、これを加えることで土に弾力性が生まれ、ふかふかした柔らかな培養土となります（107ページ参照）。

Q キクの培養土に卵の殻を入れるとよいと聞きましたが、本当でしょうか？

A

筆者の経験ではたしかに効果があります。卵の殻を砕いて培養土に加えるだけですが、水はけがよくなるだけでなく、生育によい影響を与えるようです。詳しい理由はわかりませんが、卵の殻の主成分は炭酸カルシウムだそうですので、あるいはカルシウム効果が働くためかもしれません。

また、これも理由ははっきりしませんが、筆者はお茶殻も利用して経験的に好結果を得ています。定植する際、乾燥させたお茶殻を一握り、ちょうど8月に根が届くぐらいの位置（下から1/3ぐらい）に入れておくのですが、キクの下葉が枯れ上がるのを防ぐ効果があります。最近、お茶の葉に含ま

卵の殻。砕いて培養土に加える

れるカテキンの殺菌効果が話題となっていますが、はたして関連があるのかどうか、残念ながら確かめられてはいません。

Q キクをタネから育てる方法を教えてください。

A キクの場合、1つの花のように見えるのは、じつは集合花です。花弁のように見えるのが舌状花で、これは基部に雌しべだけをもつ雌性花です。へその部分にある管状花は雌しべ、雄しべともある両全花です。そこで管状花のほうがタネを結びやすいのですが、園芸品種であるキクは、多くがほとんど舌状花の、いわゆる八重咲きです。管状花がまったくない完全八重咲きのものもあります。

舌状花に交配を行う場合は、管状花を探して花粉を確保しなければなりません。

交配を行うのは五分咲きぐらいのときがよく、舌状花の花弁をなるべく短く切り取ります。やがて雌しべが突き出てくるので、雌しべの先端がY字状に割れてきたとき、管状花から採取した花粉を受粉させます。

11月下旬から12月に熟したタネを採取します。1つの頭花から多い場合には500粒ほどのタネがとれます。タネまきは4月ごろがよく、赤玉土と腐葉土を半々に混ぜた土にまいて軽く覆土しておくと、やがて発芽してきます。これを本葉が5枚ぐらいのときに移植をして育てると、秋には初花が見られます。

キクのタネ。まきどきは4月

Q タネから育てた場合、親株と同じ花が咲くでしょうか？

A たとえ自家受粉して得られたタネでも、親株と同じ花は咲きません。園芸品種のキクは他の多くの園芸植物と同様、形質が固定してはいないからです。

ただし、これまでにない変わった花が咲くので、花のよしあしは別として大いに楽しみです。自分で交配するのは大変ですが、キクの種苗会社では、交配したタネも市販しています。興味のある方は、ぜひ育ててみてください。

Q 菊花展で大ギクの千輪仕立てを見ました。どうしたらあんなに立派なものをつくれるのでしょう？

A 1株に数百輪もの花をつける大ギクの千輪仕立ては、菊花展の花形です。最大のものとなると、1株に1000輪どころか2000輪以上もの花を咲かせることさえあります。日本の園芸技術の巧緻さを示すものとして、世界に誇るべき仕立て方といえるでしょう。

千輪仕立ては、高度な肥培技術と摘心、誘引技術によって仕立て上げるものです。200～250輪ぐらいまでは1年で仕立てられるかもしれませんが、それ以上の輪数を咲かせるには、複数年をかけて仕立て上げていきます。当然、冬期は加温が必要ですし、そうなると花芽分化を防ぐための電照も必要となります。

家庭園芸の規模でまねできるものではありませんが、菊花展で目にされたときは、ぜひつぶさに観察してみてください。

Q 大ギクには、厚物、厚走り、管物、大摑み、一文字のほかに、どんな系統がありますか？

A 厚物、厚走り、管物、一文字、大摑みは全国的に栽培されていますが、大ギクにはこのほか、美濃ギクや奥州ギクがあります。

美濃ギクは、岐阜県の美濃地方で発達したといわれるキクで、一文字のような幅広い花弁が40～50枚、重ならず一定の間隔をおいて抱えるようにして咲く優美な花です。

奥州ギクは、東北地方の一部の地域で古くから栽培されてきた重ねの厚い大ギクですが、そのほかの地域ではほとんど栽培されていません。

美濃白鳥（美濃ギク）

栄楽殿（奥州ギク）

通信販売によるキク苗の入手案内

各園が発行しているカタログを取り寄せ、注文することができます。
（掲載は五十音順。名称、連絡先等は2010年7月現在のもの。）

国華園
〒594-1192　大阪府和泉市善正町10
☎0725-92-2737

精興園
〒726-0002　広島県府中市鵜飼町531-8
☎0847-40-0201

山本和美（やまもと・かずみ）

1930年、兵庫県生まれ。植物の魅力にひかれて40余年、とりわけキクについての造詣が深い。（有）フローラルハイツを経営するかたわら、東京都世田谷区役所後援“花のある町に心のふれあいとキクの香りを広げよう”をテーマとした活動で、中心的な役割を果たす。1983年からNHKテレビ「趣味の園芸」講師として、キクづくりの普及に努める。東京菊花会会長、審査長、日本菊花全国大会実行委員、同常任理事、同副審査長などを歴任。主な著書、編著書に『人気品種と育て方・キク』（NHK出版）、『やさしいキクの仕立て方』（家の光協会）などがある。

表紙・カバーデザイン
湯浅レイ子（ar inc.）
本文レイアウト
森 綾／奥澤景子（ar inc.）
イラスト
小柳吉次
撮影・写真提供
上林德寛
山本和美
国華園
精興園
彩胡園
太花園
根本 久
米山伸吾
取材協力
東京菊花会／日本菊花会
勝野茂樹
編集協力
クエスト21
耕作舎／㈱ノムラ

校正
安藤幹江

NHK趣味の園芸
よくわかる栽培12か月
大ギク

2001年10月15日　第1刷発行
2020年6月20日　第12刷発行

著　者　山本和美

発行者　森永公紀
発行所　NHK出版
〒150-8081　東京都渋谷区宇田川町41-1
電話　0570-002-049（編集）
0570-000-321（注文）
ホームページ　http://www.nhk-book.co.jp
振替　00110-1-49701
印　刷　凸版印刷
製　本　凸版印刷

ISBN978-4-14-040179-8 C2361
Printed in Japan